EXAMEN
CRITIQUE
OU
RE'FUTATION
DU LIVRE
DES MŒURS.

Deum time & mandata ejus observa
Hoc est enim omnis homo. Ecclef. 20.

EXAMEN
CRITIQUE
OU
REFUTATION
DU LIVRE
DES MŒURS.

Deum time & mandata ejus observa,
Hoc est enim omnis homo. Ecclef. 12.

A PARIS;

Chez la Veuve BORDELET, rue Saint
Jacques, vis-à-vis les Jésuites,
à S. Ignace.

M. DCC. LVII.

AVERTISSEMENT.

L'Auteur de ce petit Ouvrage s'est proposé d'examiner & de réfuter la plûpart de ceux qui ont été faits contre la Religion dans ce siécle, & surtout ceux qui sont les plus communs & les plus répandus. Quelques amis lui ont conseillé de donner d'abord au Public ce premier morceau. C'est par déférence pour leur avis qu'il a remis à l'Imprimeur, l'Examen critique du Livre des Mœurs, en continuant toujours à examiner & à réfuter d'autres ouvrages où la Religion n'est pas moins intéressée.

TABLE

DES ARTICLES
contenües en ce Livre.

Idée générale du Livre des Mœurs.

ARTICLE PREMIER.

De l'impiété des principes établis dans
le Livre des Mœurs. *page 6*

TABLE.

TABLE

ARTICLE VI.

Fin de la Table.

EXAMEN
DU LIVRE
DES
MŒURS.

PARMI les Ouvrages qui ont été faits depuis quelques années contre la Religion, il n'en est guères de plus dangereux & de plus impie que le Livre des Mœurs. L'Auteur ne se contente pas d'attaquer quelques points de la Religion en particulier ; mais sous prétexte de donner des régles de Mœurs il s'en prend au corps entier de la Religion même. Il ne connoît ni révélation, ni autorité, ni puissance législative. Selon son systême la raison doit tenir lieu de tout ; & pourvu qu'on s'en tienne à la raison, peu importe de quel-

A

le Religion on foit. Déifte, Chrétien,
Juif, Mahometan, &c. tout eft bon devant Dieu. Dès que ces différentes Religions feront entées fur la Loi naturelle,
Dieu les agréra toutes également. Il
falloit les précautions les plus attenti-
ves pour préfenter un pareil fyftême
fans en laiffer appercevoir trop claire-
ment toute l'impiété. Auffi l'Auteur
n'oublie-t-il rien pour déguifer fes monftrueux fentimens, fans en laiffer cependant rien ignorer. Il ne les développe
que peu à peu, pour furprendre plus ai-
fément les efprits inattentifs, & pour
les féduire plus fûrement. Il prépare
de loin ce qu'il a à dire de plus har-
di & de plus impie, & quand il a
avancé quelques maximes en ce genre,
il s'efforce d'arrêter la défiance qu'on
pourroit concevoir de fa doctrine, par
les éloges qu'il fait de quelques vertus,
& par les couleurs dont il peint certains
vices.

Son Ouvrage eft divifé en trois par-
ties pour expliquer trois fortes de
devoirs auxquels l'homme eft tenu. Ses
devoirs envers Dieu, fes devoirs envers lui-même, fes devoirs envers fes
femblables. La premiere Partie traite

des devoirs auxquels nous sommes te-
nus envers Dieu , & que l'Auteur ren-
ferme dans l'amour , la reconnoissance & les hommages que l'homme doit à
l'Etre suprême. La seconde explique ce
que nous devons faire pour être véritablement heureux , qui est de conformer nos mœurs à la Loi divine.

L'Auteur ne fait que suivre la divi-
sion ordinaire des anciens Moralistes ,
en parlant de la Providence , de la Force , de la Justice de la Tempérance , &
ne se distingue d'eux que par les maximes d'impiété , de lubricité & d'in-
dépendance qu'il mêle à ses préceptes.
La troisiéme est pour les vertus socia-
les , & traite de l'amour , de l'amitié ,
de l'humanité & de tout ce qui concerne ces trois différens genres de devoirs ou de vertus.

Il y a de l'ordre & de la clarté dans
cet Ouvrage. Mais cela ne fait pas un
grand mérite aujourd'hui. Le style en
est ferme & énergique. Les caractéres
y sont généralement fort saillans , quelquefois trop chargés & même faux ,
comme celui de Philothée dans le dis-
cours préliminaire, Sostrate dans l'article

de l'Amour Filial , &c. Et fi ces caractéres font copiés d'après nature , comme le dit l'Auteur , ce font des phénomenes fi monftrueux , qu'ils ne tirent pas à conféquence , & qu'ils deviennent inutiles pour infpirer des mœurs. Les Maximes dont l'Ouvrage eft rempli fe fentent toujours de l'homme qui voudroit annéantir la Religion. C'eft pour cela qu'il y en a un fi grand nombres d'impies , de téméraires , de féditieufes , &c. L'Auteur malgré tout fon efprit fait fouvent des raifonnemens fort gauches. Mais il n'eft pas furprenant qu'on ne raifonne pas jufte quand on combat la vérité , & ce qui manque au raifonnement , ce n'eft pas fur le défaut de lumieres , mais fur le défaut de droiture qu'il faut le rejetter. Bien des gens ont fort goûté ce Livre. Cela ne prouve autre chofe , finon que la dépravation eft bien générale. S'il eft bon à certains égards , il eft infiniment dangereux & funefte à certains autres. Il eft des perfonnes qui fçavent préparer les poifons & les déguife avec tant d'adreffe , que non-feulement on ne s'en méfie pas , mais qu'on les prend

même avec goût & avec plaiſir tour
mortels qu'ils ſont. Il faut les décom-
poſer pour les faire connoître, & pour
mettre les perſonnes en garde. C'eſt ce
que nous allons faire pour cet Ouvrage. Nous ferons voir en différens arti-
ticles, l'impiété des principes qu'il établit, l'indécence de la morale qu'il en-
ſeigne, les ſéditieuſes maximes qu'il
inſpire, les calomnies dont il charge
la Religion, les idées peu reſpectables
qu'il donne de la vertu, les contradictions
où il tombe, & nous finirons par un
paralelle des maximes de la Religion
chrétienne avec les maximes de la prétendue Religion de l'Auteur. Nous
parlerons à la raiſon, & nous eſ-
pérons de la ſatisfaire, & de faire,
voir que la raiſon de ce Maître
des Mœurs eſt très-ſouvent en défaut.
On auroit pu faire un très-bon Livre
ſelon le plan de l'Auteur. Mais l'eſprit
d'irréligion & d'impiété, eſt ſi fort ré-
pandu dans celui-ci, que ſi on en
retranchoit tout ce qu'il y a de mauvais
& de dangereux, il n'y reſteroit preſque
plus rien.

ARTICLE PREMIER.

De l'impiété des Principes établis dans le Livre des Mœurs.

C'EST dans le chapitre des hommages qu'on doit à Dieu, que l'on voit plus à découvert l'affreux dessein qu'a l'Auteur de détruire & de renverser toute Religion. Tout ce qu'il a dit auparavant y prépare, & tout ce qu'il dit après y confirme. Cependant c'est toujours avec des précautions & des détours si artificieusement employés qu'il détruit entiérement d'une main ce qu'il paroît édifier de l'autre, & qu'il fait toujours marcher l'impiété sous le masque de la piété même. On ne peut pas réunir plus d'absurdité, d'impiété & de mauvaise foi qu'il y en a dans ce Chapitre.

L'Auteur commence par faire un grand éloge du culte intérieur, qu'il dit être le seul d'obligation, parce qu'il est le seul qui soit pur, saint, digne de la divine Majesté. Il s'exprime même d'une maniere fort dévote sur ce point-là. Mais pour le

culte. extérieur, il declare qu'il n'eſt
que de bienſéance, qu'il eſt purement ar-
bitraire, & qu'il ne dépend que du tems
& des mœurs. Si cette eſpéce de culte a
quelque utilité, dit encore l'Auteur, il a
auſſi ſes inconvéveniens, & ces inconve-
niens ſont infiniment plus grands que ſon
utilité. S'il y avoit quelque néceſſité que
les hommes rendiſſent cette eſpéce de
culte à Dieu, il n'auroit pas manqué de
les en informer tous, & il n'auroit pas
attendu après nos Prêtres & nos Docteurs, pour nous donner de juſtes idées
en matiere de Religion. Ainſi le devoir
du Sage eſt de ne s'attacher qu'au culte
intérieur. Quant au culte extérieur dans
lequel il eſt né, il doit ſe faire une loi
de n'y donner jamais atteinte, ni en
le troublant ni en l'abjurant. Ainſi ſelon l'eſprit de l'Auteur, il faut que le
Turc reſte avec ſon Alcoran, le Juif
avec ſon Talmud, le Chrétien avec ſon
Evangile, ſon Baptême, ſa Meſſe; tout
cela eſt bon : Dieu n'y regarde pas de ſi
près. Il s'accommode également de
tout. Il y auroit pis que du Fanatiſme à
penſer autrement. Voilà la doctrine de
la Religion naturelle. Je ne fais que co-

pier les sentimens & les expressions du
Docteur des Mœurs. (1)

Mais ce grand Docteur y a-t-il bien
pensé, en avançant que Dieu étoit
fort indifférent pour ce qui concerne
le culte extérieur, & qu'il se mettoit
bien peu en peine qu'on l'honnorât de
telle ou de telle maniere extérieure-
ment? Cet homme qui s'annonce comme
un Philosophe, n'a-t-il donc pas vû les
conséquences absurdes & extravagantes
qui s'ensuivent naturellement des principes qu'il donne ? Et peut-il en effet y
avoir une extravagance & une absurdité plus grande, que de dire, qu'il est
indifférent à Dieu, qu'on l'adore uni-
quement ou qu'on le blasphême ; qu'on
mêle au culte extérieur qu'on lui
rend, des hommages dignes de lui, ou
des impiétés sacriléges ; qu'on respecte,
qu'on lise, qu'on écoute comme l'ouvrage de sa Sagesse, un Livre qui ne seroit qu'un tissu de mensonges, d'impos-
tures & d'impertiences, comme l'Alcoran, ou qu'on méprise comme une fa-
ble ce qu'il auroit lui-même inspiré,
comme l'Evangile.

(1) I. P. chap. 3.

Or tout cela s'enfuit néceffairement des principes de ce grand Philofophe. Ce font-là autant de vérités inconteftables, fi Dieu eft indifférent pour le culte extérieur, & fi on peut l'honorer également par le culte Judaïque, Chrétien ou Mahometan. &c. Car fi Jefus-Chrift que les Chrétiens adorent, n'eft pas Dieu ni Fils de Dieu, le culte qu'ils lui rendent eft donc une idolâtrie abominable? Et s'il eft Dieu, les Juifs & les Mahometans font donc des impies, en ne le regardant que comme un homme? Les Chrétiéns adorent la Croix, & les Juifs l'ont en horreur; fi elle eft l'inftrument du Salut du monde, Dieu ne peut pas approuver les blafphêmes des Juifs, & fi elle ne l'eft pas, il ne peut pas tolérer la fuperftition idolâtrique des Chrétiens. Les Mahometans regardent l'Alcoran comme un ouvrage infpiré de Dieu, & les Chrétiens s'en moquent, comme d'un ramas de fotifes groffieres. Si les Chrétiens ont raifon, les Mahometans deshonorent Dieu en lui attribuant un pareil ouvrage. S'ils ont tort, c'eft eux-mêmes qui manquent de refpect à l'Ouvrage de

Dieu. Comment le Philofophe Panage
accordera-t-il tout cela enfemble ? On
voit bien dans ce fyftème tous les plus
ridicules écarts d'une Philofophie extravagante ; y voit-on aucune trace de
la Sageffe , & de la fainteté de Dieu ?

Il n'eft pas furprenant qu'un pareil
fiftême entraîne dans l'impiété ; mais
il eft furprenant qu'un homme qui a
été baptifé , l'enfeigne fi hautement. Le
premier principe qu'il donne en matiere de culte , c'eft que chacun doit
refter dans celui où il eft né , & qu'il
ne lui eft pas permis d'y donner aucune
atteinte , foit en le troublant , foit en
l'abjurant. Et pour quoi donc a-t-il ab-
juré lui-même le Chriftianifme ? Sa re-
nonciation il la déclare affez par la
profeffion ouverte qu'il fait de ne s'en
tenir plus qu'à fa raifon , & de ne regarder que comme de méprifables rêve-
ries les dogmes de l'Eglife & de la Société Chrétienne où il avoit été formé :
avec cette faine raifon, dont il fe vante,
être Chrétien , Juif, Déifte, Mahometan, c'eft tout un pour lui. Jefus-Chrift ,
Socrate , Moyfe , Mahomet , il les met
tous au même niveau , il ne fait pas

plus de cas des uns que des autres. Il pardonne à un Turc d'être Turc, il ne pardonneroit pas à un Chrétien de le devenir. Par le même principe il doit pardonner à un Chrétien d'être Chrétien, il ne devroit pas pardonner à un Turc de le devenir.

Chacun doit rester dans le culte où il est né. Il n'est pas fort surprenant que Panage pense ainsi. Une telle Religion ou une telle autre, celle-ci ou celle-là, tout cela est assez indifférent à celui qui n'en a aucune, qui les méprise toutes, qui voudroit les toutes bannir : c'est-là son dessein & son but, il se cache avec soin ; mais son secret lui échappe. (1) „ Qu'on me donne, dit-il, des „ hommes sortant des mains de la na- „ ture, qu'on les assemble de tous les „ coins de la terre pour conférer „ en commun sur l'hommage qu'on doit „ à Dieu, leurs jugemens n'étant pas „ encore dépravés par l'aveugle pré- „ vention, mais éclairés par les pures „ lumieres de la raison, ou ils rejette- „ ront tous les cultes établis, ou s'il en „ est un qui mérite d'être affermi sur „ les ruines des autres, ce sera celui-là

(1) *I. P. chap.* 3.

„ qu'ils choisiront unanimement. „

Mais y en a-t-il un qui le mérite? „ Oh!
„ s'il y en avoit un, Dieu n'auroit pas
„ manqué de nous en informer; mais
„ il ne faut pas s'en fier à nos Prêtres
„ sur ces matieres. „

Si Panage eût été un peu plus Philosophe, ou un peu moins impie, il auroit
dit, 1°. Que les hommes éclairés par
les plus pures lumieres de la raison, auroient d'abord rejetté tous les cultes
où ils auroient reconnu quelque chose
de contraire à la sainteté de la Loi naturelle, comme tous les cultes idolâ-
lâtriques: 2°. Qu'instruits par cette pure raison que Dieu pouvoit bien pres-
crire aux hommes la maniere dont il
vouloit être honoré, ils auroient exa-
miné si Dieu en effet n'avoit rien
prescrit là-dessus: 3°. Que si on leur
eût annoncé un culte établi par l'autorité divine, ils auroient exigé qu'on
leur donnât les preuves de cette volonté du Seigneur, les auroient exami-
nées, & s'y seroient rendus, si ces preuves étoient capables de persuader. Voilà
ce qu'auroient fait des hommes éclairés
par les plus pures lumieres de la raison.

Cette maniere de procéder est celle que la plus pure raison conseilleroit, & selon laquelle je consentirois bien qu'on examinât le culte des Chrétiens. Mais elle seroit trop favorable au Christianisme. ·On aime mieux s'étourdir soi-même , & rejetter tout sans se donner la peine de rien examiner.

Chacun doit rester dans le culte où il est né. Cela étant , il étoit fort inutile que Jesus-Christ vînt sur la terre. Je sais que le Déserteur du Christianisme n'aura point de peine d'en convenir ; mais ce n'est que pour rendre plus sensible son impiété que je fais cette remarque. Toute la Société Chrétienne y est intéressée. Ce furent ces impiétés qui intéresserent aussi la religion du Parlement , & lui firent condamner au feu un Ouvrage si détestable. L'Arrêt est de 1748.

C'est dans les mêmes vûes, & pour étayer son misérable sistême d'anéantir toute Religion que Panage avance hardiment que : (1) *La Religion degénera chez toutes les Nations en de vains spectacles.* Voilà ce qui s'appelle , pro-

(1) I. P. chap. 3.

noncer d'un ton bien décifif. Mais eft-ce
prononcer felon la vérité ? Connoît-il
parfaitement l'Hiftoire de toutes les
Nations ? Eft-il affûré & en état de
prouver qu'il n'y en a aucune qui ait
confervé la Religion pure ? Les Juifs,
par exemple, avoient la Religion la
plus ancienne que nous connoiffions fu-
rement, puifque fon code eft le plus ancien Livre du monde. Cette Religion,
comme toute Religion vraie, avoit tous
les préceptes de la Loi naturelle , &
outre cela les cérémonies & le culte le
plus majeftueux. Qu'il nous dife donc
en quel tems cette Religion dégénéra en
de vains fpectacles ? Qu'il affigne , s'il
le peut, le tems où elle ceffa d'être
une Religion véritable. Il ne l'affignera
point , puifqu'il veut qu'encore aujour-
d'hui chacun refte dans le culte où il
eft né , dès qu'il eft compatible avec les
principes de la Loi naturelle. Or la Religion des Juifs eft très-compatible avec
les principes de la Loi naturelle. Elle eft
donc encore aujourd'hui une Religion
véritable. Que Panage cherche dans fa
Philofophie à accorder ce qu'il dit de
ces Religions qui font toutes mauvai-

ſes , parce qu'elles ont toutes dégénéré
en de vains ſpectacles , & qui ſont toutes bonnes dès qu'elles ſont compatibles
avec les principes de la Loi naturelle.

Mais qu'entend-t-il par ces vains ſpectacles , dans leſquels dégénéra la Religion ? Entend-t-il les Sacrifices qu'on faiſoit à Dieu ? Mais il convient qu'on en
faiſoit légitimement dans la Loi naturelle. Entend-t-il les aſſemblées où
l'on inſtruiſoit le peuple , & où on ſe
réuniſſoit pour chanter les louanges
du Seigneur , & pour lui rendre
de publiques actions de graces de ſes
bienfaits ? Mais il avoue lui – même
que tout cela eſt juſte & raiſonnable.
Entend-t-il toutes les extravagances ,
les jeux , les indécences des Fêtes
Payennes ? Mais il ſait combien la Religion Chrétienne les a en horreur , avec
quelle ſévérité elle les a toujours con-
damnées. Pourquoi donc ces vagues
déclamations ? Pourquoi dire en général que la Religion dégénéra en de vains
ſpectacles? Pourquoi envelopper les Religions ſaintes & innocentes dans le crime de celles qui ne le ſont pas ? N'eſt-ce
pas pour condamner également toutes

les Religions , & profcrire également
tous les ufages & pratiques du culte extérieur , quelque faint , quelque néceffaire & quelque raifonnable qu'il puiffe
être. Avec un peu de réflexion on dé-
couvrira bien de l'impiété dans ces paroles de l'Auteur , mais y verra-t-on
quelque lueur de raifon , ou quelque
marque de droiture & de bonne foi ?

Le culte extérieur de Religion eft
auffi ancien que le monde, puifque tous
les plus refpectables monumens nous ap-
prennent que dès les premiers âges on
offroit des Sacrifices à la Divinité. Il a
toujours été univerfel , puifque ainfi que
l'a remarqué le plus beau génie de l'ancienne Rome , on trouveroit plutôt
une Terre fans Soleil , qu'un peuple ou
une fociété d'hommes fans culte de Religion, & que tout ce qu'on dit quelquefois de quelques Sauvages épars, eft
fort incertain & de nulle conféquence. Car on conçoit bien que ceux qui
fe piquent de Philofophie & de fageffe,
n'iront pas prendre des leçons de mœurs
auprés des Sauvages , ils feroient plutôt
obligés de leur en aller donner.Ce culte
extérieur eft jufte & raifonnable , parce
que

que nos fens , nos corps , nos biens
étant des préfens du Seigneur , doivent
être auffi des inftrumens de notre reconnoiffance envers lui.

Il eft néceffaire , parce que rien ne
fait fur nous des impreffions plus fortes
que les chofes extérieures , & que bien
des hommes ne pourroient pas faifir
plufieurs vérités de la Religion, fans le
fecours des images & des fymboles. Il
eft trés-utile , parceque l'exemple eft
l'inftruction la plus vive, la plus forte,
la plus perfuafive.

Voilà ce que la raifon auroit dit au
Docteur des Mœurs, s'il l'avoit confulté.
Mais quand on veut détruire la Religion , on parle beaucoup de la fainteté
du culte purement intérieur , quoiqu'au
fond on ne s'en foucie pas plus , &
qu'on ne le pratique pas plus que l'extérieur que l'on condamne. Ce n'eft là
qu'un voile dont on prétend couvrir
fon impiété.

C'eft après avoir débité tous ces
beaux principes que l'Auteur, comme
s'il avoit bien fujet d'être content de
lni-même donne hardiment le défi aux
Théologiens, de lui prouver qu'il y a

une Religion & un culte révélé. C'eſt
Goliath qui inſulte les armées du Dieu
vivant, & qui de retour dans ſon camp
de Philiſtins, leur dit en vrai fanfaron :
je viens de braver encore les bataillons
d'Iſraël, & il n'eſt aucun de leurs ſol-
dats qui ait oſé ſe meſurer avec moi. Panage déclare qu'il s'en tient à ſa raiſon,
juſqu'à ce qu'un Théologien le convain-
que de l'exiſtence d'une révélation. Mais
les preuves de la révélation ſont toutes
données, & elles ſont portées au degré
d'évidence le plus clair & le plus con-
vaincant. Ainſi ou il blaſphème ce qu'il
ignore, ou il combat la vérité, contre
ſes lumieres & ſa propre conſcience.
Qu'il choiſiſſe entre ces deux qualités,
d'ignorant téméraire, ou de ſéducteur
de mauvaiſe foi. Il eſt néceſſairement
l'un ou l'autre.

La révélation eſt une manifeſtation
que Dieu nous fait de quelques vérités
auxquelles notre raiſon ne pourroit pas
atteindre, par elle-même, ou de quelques loix, que la raiſon ſeule ne pourroit pas découvrir. Cette manifeſtation nous découvre donc non-ſeulement
des choſes que nous devons croire,

mais elle nous donne encore, une entiere certitude de la vérité des choses que nous croyons. On ne refusera pas apparemment à Dieu le pouvoir de nous manifester quelques vérités, ou de nous donner quelques loix de cette espece. Il faut donc convenir que la révélation est possible, & qu'elle ne donne aucune atteinte aux droits de la raison. Maintenant s'il plaît à Dieu de révéler quelque vérité, c'est un devoir indispensable pour l'homme de s'y soumettre, c'est même un devoir indispensable pour lui de s'en informer. L'Auteur en convient, l'homme est obligé d'aimer Dieu, dit-il; or un devoir de cet amour est de s'informer soigneusement de ses volontés pour s'y conformer, & s'y soumettre. (a) La raison nous fait donc un devoir de chercher, s'il y a véritablement une révélation. S'il plaît à Dieu de nous révéler quelque vérité, il faut que cette révélation soit autorisée par des preuves d'un caractere si divin, que toute la puissance, les forces, l'habileté hu-

(a) I. P. Ch. 1.

maine ne puiſſe pas les égaler, & que
tout eſprit raiſonnable ſoit forcé d'y
reconnoître le doigt de Dieu. Ainſi la
raiſon doit toujours être reçue à demander des preuves de la révélation &
à les examiner. Les principales de ces
preuves ſont les Prophéties, les mira-
cles, la ſainteté de la morale, des ſuccès miraculeux & tels que toute la poli-
tique, la puiſſance & l'habileté des
hommes n'aient jamais pu & ne puiſſe
jamais rien opérer de ſemblable. Si je
trouve une Religion qui fourniſſe toutes
ces preuves, & qui les réuniſſe toutes
dans le degré le plus haut & le plus
propre à convaincre l'homme qui examine de bonne foi, & à forcer l'opi-
niâtreté de celui qui refuſeroit de ſe
rendre, je dois dès lors la regarder comme une Religion révélée, comme une
Religion que Dieu a voulu donner lui-
même aux hommes. Or tout cela ſe
trouve réuni en faveur du chriſtianiſme.
Mon objet n'eſt pas de donner ici les
preuves de la Religion, mais de réfuter
les impiétés des incrédules. Qu'on liſe
l'excellent Traité de Monſieur Abbadie
ſur la vérité de la Religion Chrétienne,

& la seconde partie du magnifique Dis-
cours sur l'Histoire universelle de Monsieur Bossuet, il est impossibe de n'être
pas entraîné par la force de ces preuves victorieuses, de n'être pas intime-
ment convaincu de la vérité de la révélation, & de ne pas regarder ensuite
avec mépris & avec indignation les mi-
sérables objections des incrédules. Je ne
parle pas de quantité d'autres ouvrages
très-sçavans & très beaux, que nous
avons dans le même genre, & j'aban-
donnerois sans peine la Religion au ju-
gement des incrédules même s'ils vouloient en lire quelques-uns de bonne
foi, & dans la résolution de rendre té-
moignage à la vérité.

L'Auteur ne montre pas moins d'impiété & ne suit pas mieux la raison lors
qu'il parle des conseils Evangéliques. Il
est vrai que les vertus qu'ils enseignent
sont bien austeres, mais elles sont sublimes. On les admire & on les redou-
te, on ne peut s'empêcher de les res-
pecter & en même tems de les craindre.
Estre sur la terre & en dédaigner tous
les avantages, pour ne s'occuper que
du ciel; vivre dans un corps & s'inter-

dire les plaisirs sensibles, parce qu'ils peuvent blesser la conscience & séduire la raison ; renoncer aux biens de la terre, parce que souvent ils servent d'aliment à l'orgueil & à la volupté ; mortifier le corps, parce que c'est dans le corps que sont les principes du déréglement des passions ; porter dans le commerce des hommes, l'innocence, la candeur, la sincérité d'un enfant. En un mot montrer des vertus véritablement pures, véritablement dignes de Dieu, des vertus sans aucun mélange de foiblesse ou de défaut, des vertus toutes bienfaisantes pour les hommes parmi lesquels on vit, des vertus indépendantes de tout intérêt, ou avantage humain, dont Dieu seul est le motif & pour lesquelles on ne veut d'autre récompense que lui ; voilà le plus grand effort dont l'homme soit capable, & le plus digne de notre admiration. Voilà ce qu'enseignent les conseils évangéliques.

Cependant à entendre Panage, il n'y a rien de plus méprisable que ces conseils. Aussi ceux qui se mortifient pour tenir leurs passions dans la soumission,

& qui font pénitence pour expier les péchés que les paffions auroient fait commettre, il ne les regarde que comme des (a) phrénetiques qui fervent Dieu comme on ferviroit le diable. Ceux qui vivent dans la continence ne font à fes yeux que des imbéciles qui n'entendent feulement pas leur Evangile & qui ont été maudits par leur Maître, dans la parabole du figuier ftérile. Ceux qui renoncent à leurs biens pour imiter le fils de Dieu fait homme & vivant dans la pauvreté par amour pour nous, ils ne les regardent que comme des fots qui ne peuvent réparer la fotife qu'ils ont faite, qu'en devenant enfuite des frelons incommodes au refte du genre humain. Voilà comment cet habile Docteur traveftit l'Evangile, les épithetes honorables dont il décore ceux qui pratiquent les confeils évangéliques, & qui font confacrés au fervice & au culte de la Religion.

Mais de toutes les maximes évangéliques, il n'en eft aucune qui le mette de plus mauvaife humeur, que celle par

(a) I. P. Ch. 1.

laquelle Jefus-Chrift nous dit que nous devons nous renoncer nous mêmes, nous haïr nous-mêmes. Panage ne la peut pas digérer. Il veut s'aimer & fe procurer dans ce monde tout le bien & tous les plaifirs qu'il pourra. „ La „ loi naturelle, dit-il, ( ) veut que nous „ traitions nos femblables , comme „ nous voulons qu'on nous traite. Le „ Légiflateur n'entend pas fans doute „ par-là , que nous maltraitions nos „ femblables. Concluons qu'il n'entend „ pas non-plus, que nous nous maltrai- „ tions nous-mêmes. Non-feulement „ on peut aimer Dieu fans fe hair, mais „ il n'eft pas vrai qu'on l'aime quand „ on fe hait. Devons nous avoir des „ fentimens contraires aux fiens. N'ef- „ perons pas de lui plaire en nous „ haïffant „. Voilà un des plus beaux efforts de la Logique du Docteur anti- évangélique.

Examinons donc maintenant lequel des deux Maîtres à raifon de J. C. ou de Panage. Celui qui hait fon ame en ce monde la fauve pour la vie éter-

(a) I. P. Pré.

nelle,

nelle, dit J. C. & celui qui l'aime en ce monde, la perdra pour l'autre. La haine que commande ici Jesus-Christ est donc un véritable amour, puisqu'il assure à l'ame une éternité de bonheur, & l'amour qu'il défend est donc une véritable haine, puisqu'il perd l'ame pour l'éternité. Or comme il n'y a que le crime & ce qui porte au crime, qui puisse perdre l'ame pour l'éternité, ce n'est donc que le crime & ce qui porte au crime, c'est-à-dire les inclinations vicieuses de la nature que nous devons hair dans nous. Ce soin de combattre les penchans funestes qui nous portent au mal, de nous refuser ce qui nous feroit plaisir, mais qui blesseroit la conscience, de nous arracher à ce qui nous tiendroit le plus au cœur, mais que nous ne pourrions retenir sans que la pureté en fût altérée, voilà la haine que Jesus-Christ nous commande d'avoir pour nous-même.

C'est de la même maniere qu'on doit entendre ces autres paroles de ce divin Légiflateur. Celui qui ne hait pas son pere, sa mere & son ame encore ne peut être mon disciple. Certainement

C

on ne peut pas dire que Jesus-Chrift nous ait commandé de hair nos parens, puifque jamais Légiflateur ne recommande fi fortement & ne porta fi loin les devoirs & les tendres foins de la charité. C'eft donc comme s'il nous difoit : Dieu eft votre premier maître, la vertu votre premier devoir , le falut votre plus grand intérêt. Si donc vos parens ou vos propres inclinations vous demandoient quelque chofe qui ne pût pas s'accorder avec la volonté de Dieu, votre devoir , votre intérêt éternel , vous devez tout facrifier & n'écouter ni la voix de vos parens, ni celle de vos inclinations. Voilà le véritable fens des paroles de Jefus-Chrift.

Maintenant je demande à Panage ce qu'il y a donc dans ces confeils & ces maximes de fi méprifable , pour ofer traiter de phrénétiques & d'imbéciles ceux qui s'efforcent d'y conformer leur vie & leurs mœurs. Je voudrois bien qu'il effeiât lui-même de nous en donner de plus fages & de plus raifonnables, que celles que Jefus-Chrift nous a données , & qu'il regarde avec tant de dédain; c'eft apparemment ce qu'il a

prétendu faire, lorſque prenant le ton
d'un dévot Directeur il dit à ſon diſci-
ple : » Soumettez la chair à l'eſprit,
„ mais ne l'annéantiſſez pas; ſoyez chaſ-
„ te, (..) mais ne vous abſtenez pas d'un
„ commerce licite ; élevez fréquem-
„ ment votre cœur vers Dieu , mais
„ tendez la main au malheureux qui
„ vous implore «. Ne le prendroit-
on pas là pour un bon béat, qui ne ſait
que prier Dieu , & qui ne lit que ſon
Grenade ? Mais attendez , il ne reſtera
pas long-tems ſous ce perſonnage qui
ne lui convient gueres , & dont apparemment il ne s'accommoderoit pas.
S'il vous dit ici qu'il faut ſoûmettre la
chair à l'eſprit; (b) il vous avertit ailleurs que les appétits corporels ſont in-
nocens , & qu'il eſt juſte de les ſatisfaire. Il veut qu'on ſoit chaſte ; mais le
concubinage eſt ſelon lui une union
plus eſtimable & plus ſainte (-c) que le
mariage. Il veut qu'on éléve ſon cœur vers
Dieu ; mais il permet de regarder avec
indifférence toute pratique & tout culte
extérieur de Religion : Enfin il va juſqu'à

(a) I. P. Ch. 1. (b) II. P. Ch. 1.
(c) II. P. Ch. IV.

dire que pour ètre faint, il fuffit de faire tous les jours fes quatre repas, de manger indifféremment chair ou poiffon, de coucher fur le duvet, &c. Oh que la fainteté de Panage e ft admirable & refpectable ! Voilà les hautes maximes du cenfeur & du réformateur du Chriftianifme. Voilà ce que lui a découvert cette faine raifon, qui doit felon lui l'emporter fur l'Evangile.

Je paffe fous filence bien d'autres impiétés répandues dans ce Livre, parce que je n'entreprens de combattre que les principes, & non pas toutes les propofitions en détail. Je ne réfute pas non plus ce qu'il dit fur les peines de l'autre vie, parce que je traiterai ce point-là dans l'examen d'un autre ouvrage qui eft à peu près fur les mêmes principes que celui-ci. Il y a une propofition cependant que je ne puis pas m'empêcher de faire remarquer. L'Auteur demande fi » la raifon n'eft pas » quelquefois incapable de tenir la bri-» de aux paffions, & fi l'ame n'eft pas » alors dans un état d'imperfection, » qu'on peut fans injuftice imputer à » Dieu ? (a) Oui fans doute, répond-il,

(a) I. P. Ch. 2. §. 4.

„ je ne contefte ni l'un ni l'autre ". Il avoue donc d'abord que la raifon feule peut régler nos paffions : enfuite qu'elle eft fouvent incapable de le faire , enfin qu'on peut fans façon imputer à Dieu ce qui s'enfuit du déréglement des paffions. Voilà comment le Maître des mœurs infpire la vigilance fur foi-même , le remord du crime , & le refpect pour la divinité.

ARTICLE SECOND.

De la Morale indécente qu'enfeigne le Livre des Mœurs.

IL n'étoit pas fort néceffaire que l'Auteur fe vantât de fçavoir mieux fa carte d'amour que la mappemonde. Il paroît affez par fon Livre, qu'il eft beaucoup mieux inftruit fur ce point-là que fur bien d'autres. Une bonne partie de fon Livre n'eft employée qu'à prouver l'amour, à en vanter les douceurs, à montrer la néceffité où eft tout le monde d'obéir à l'amour. Malgré toute fa philofophie, il ne débite en mille en-

droits de fon Livre, point d'autres maximes que celles du Galant Quinaut.
Mais moins réfervé que ce Chantre de
l'amour, il lui arrive fouvent de ne pas
même jetter une gaze legere fur des objets qui devroient être entiérement ca-
chés. Cependant comme il craint que
fa morale ne paroiffe un peu trop lu-
brique, il la déguife, il la met fous la
plus belle enveloppe, il s'efforce même
d'en faire la plus belle des vertus ?
,, Qu'on aime véritablement, dit-il, &
,, l'amour ne fera jamais commettre de
,, fautes qui bleffent la confcience ou
,, l'honneur. (*a*) Car quiconque eft capa-
,, ble d'aimer eft vertueux; & quiconque
,, eft vertueux eft capable d'aimer. L'a-
,, mour interdit même à la penfée toute
,, idée fenfuelle, il eft chafte jufques
,, dans fes fonges. Il n'y a rien à crain-
,, dre pour les mœurs de la part de l'a-
,, mour, il ne peut que les perfection-
,, ner ". Je ne crois pas que les peres &
les meres fuffent fort contens qu'on
prêchât cette morale à leurs enfans. Ils
craindroient qu'ils ne devinffent trop

(*a*) III. P. Ch. 1. A. 3.

vertueux, & qu'ils ne voûlussent donner trop de preuves de leur vertu.

Il n'y a rien cependant que le tendre
Moraliste conseille davantage, que
d'être amoureux. Il en fait même une
espéce de précepte. (*a*) ,, La fin de l'a-
,, mour, dit-il, n'a rien que de conforme
,, au vœu de la nature. Il tend à l'union
,, d'un sexe avec l'autre. Cette union est
,, légitime, & ce n'est point ce goût
,, qu'il s'agit de réprimer. Quiconque,
,, ajoute-t-il, est conformé de maniére
,, à pouvoir procréer son semblable a
,, droit de le faire, & il le doit ; c'est
,, la voix de la nature. (*b*) Cette voix
,, mérite plus d'égards que les institu-
,, tions humaines, qui semblent la con-
,, trarier ,,. Après cela les Peres & les
Meres auroient-ils droit d'empêcher
leurs enfans de pratiquer, quand ils le
pourront, les belles vertus de la religion naturelle ? Et comment les enfans
devront-ils regarder des ordres, des re-
montrances & des loix opposés au droit
naturel ? le Docteur des mœurs leur
apprend qu'ils ne doivent y avoir aucun

_(a) I. P. Ch. 2. §. 4. (b) II. P. Ch. 2. A. 1._
C iv

égard. C'eſt pour faire encore mieux goûter ſes tendres maximes, qu'il par-le en mille endroits de ſon Livre, avec tant de complaiſance & ſi peu de décence des douceurs de l'amour ; c'eſt pour cela qn'il avoue qu'il ne connoît rien de plus heureux au monde que les amans & les maîtreſſes, & qu'enfin il ne croit pas pouvoir mieux apprendre à aimer Dieu, qu'en diſant que c'eſt comme une maîtreſſe qu'on le doit ai-mer.

On peut remarquer en paſſant la juſ-teſſe & la décence de cette comparaiſon. Les ſentimens qui élevent une ame vers le ſouverain Etre qu'elle adore, & qu'elle contemple comme le principe & la fin de toutes choſes, l'Auteur de tous les biens, le centre de toutes les perfec-tions ; ces ſentimens ne ſont-ils pas heu-reuſement mis en parallele avec ce que ſent un amant quand il eſt auprés de ſa maîtreſſe ? Mais ne nous arrêtons pas à cela. On voit aſſez que l'Auteur ſait bien mieux ce que c'eſt qu'aimer une maîtreſſe, qu'il ne ſait ce que c'eſt qu'aimer Dieu.

Mais ce n'eſt pas encore aſſez d'avoir

donné ces beaux conseils & ces sages
préceptes, il faut encore établir la chose comme un principe incontestable.
» Nous sommes, dit-il, composés d'un
» corps & d'une ame. Rien n'est donc
» plus conforme de notre part, que de
» veiller à leur bonheur. (*a*) Pour la
» conservation de nos corps, Dieu nous
» a fait présent de l'instinct qui veille
» à leur sûreté, qui les garentit de ce
» qui leur est préjudiciable, & les
» avertit de leurs besoins «. Mais qu'en-
tend-t'il par cet instinct & par ces besoins ? Oh ! il n'étoit pas de la prudence
de tout dire à la fois, de peur que la
modestie & la pudeur n'en fussent of-
fensées. Mais ce qui paroît supprimé
dans un endroit ne manquera pas de re-
trouver sa place dans un autre.

  » L'instinct, dit-il ailleurs, fuit le
» mal & cherche le bien. (*b*) Or
» comme deux choses concourent à la
» félicité qu'il est juste & naturel de se
» procurer, sçavoir l'exemption de
» la peine, & la jouissance du plaisir,
» tout sentiment qui naît en nous de

(*a*) II. P.   (*b*) I. Part. Ch. 2. §. 4.

„ ces deux vûes eſt un ſentiment légi-
„ time «. Tout ſentiment qui nous porte au plaiſir eſt légitime ſelon Panage.
La concluſion la plus naturelle qu'on
puiſſe tirer de-là, c'eſt qu'il eſt légitime & permis d'obéir à ce ſentiment.

Pour cacher ce qu'il y a de honteux
dans un pareil principe, il dit bien que
la raiſon doit conduire l'inſtinct, mais
pour raſſurer ſes diſciples, il ajoûte auſſi
que c'eſt à quoi elle manque ſouvent,
& que l'inſtinct étant un préſent du
Créateur, ce Dieu bon ne fait pas à ſes
créatures des préſens empoiſonnés.
Après cela pourroit-on avoir quelque
ſcrupule de ſe livrer à l'inſtinct, & de
profiter des préſens du Créateur ? Ce
qu'il dit des beſoins confirme encore
bien mieux cette belle morale. » Par-
„ mi ces beſoins, un des plus preſſans,
„ (a) c'eſt cette pente inſurmontable
„ qui entraîne un ſexe vers l'autre. C'eſt
„ un préjugé fol & bizarre, de ſe per-
„ ſuader qu'il eſt beau d'y reſiſter. Con-
„ ſentez à ſatisfaire ce beſoin qui vous
„ preſſe, c'eſt le ſeul moyen raiſonnable

(a) I. P. Ch. 2. §. 4.

,, de vous affranchir de fon importuni-
,, té «. La décence ne permet pas de
déveloper toutes les honteufes glofes
auquel ce texte donneroit lieu. On rou-
git d'y penfer. Ce n'eft pas feulement à
ceux qui ont fait vœu de continence,
c'eft à toutes les perfonnes de l'un &
de l'autre fexe que l'on dit que lorfque
ce befoin preffe, il faut le fatisfaire, &
que c'eft un préjugé fol & bifare de fe
perfuader qu'il eft beau d'y réfifter.
Comparez maintenant ces honteufes
maximes avec ce qu'il difoit auparavant
de la pureté & de la fainteté de
l'amour qui s'interdit même toute idéé
fenfuelle, & jugez des fentimens & de la
doctrine de l'Auteur. Un Empereur
payen bannit de Rome un Poëte qui
avoit mis en vers l'art d'aimer ; un homme qui enfeigne parmi les chrétiens une
morale encore plus honteufe, eft tran-
quille à Paris !

Après cela il ne faut pas être furpris
que ce moralifte foit de fi mauvaife
humeur contre l'indiffolubilité du mariage. Il avoue bien qu'il importoit au
bon ordre de la fociété que le mariage
fût un engagement pour la vie, & que

la nature même sembloit en avoir fait
un précepte. Mais ce n'est là qu'un
hommage forcé qu'il rend aux loix les
plus respectables, & qu'il dément bien-
tôt. Car il exagere d'abord tant qu'il
peut les inconvéniens de cette indissolubilité. C'est pour cela, dit-il, que le
nombre des époux mal assortis est in-
comparablement plus grand que celui
des autres, parce que cette indissolubilité, loin de les attacher à leurs devoirs
réciproques contribue peut-être plus
que toute autre cause à leurs infidéli-
tés. Oh ! pour cette fois-ci, j'avoue que
Panage raisonne juste. Car il seroit bien
difficile qu'il y eût des infidéles, si un
mari pouvoit changer de femme & une
femme de mari, toutes les fois que leurs
cœurs seroient pris par de nouvelles
amours.

Ce sage réformateur vivement zélé,
comme vous le voyez, pour la décence
des mœurs, & tendrement intéressé
pour ceux qui sont portés à la vertu
d'amour voudroit donc qu'on adoucît
un peu en leur faveur cette sévere loi
de l'indissolubilité. Pamphile & Sopho-
niste, par exemple, sont fort vertueux,

car ils sont fort portés l'un & l'autre à
l'amour. Mais la différence des humeurs, rend la concorde impossible
entr'eux. Pourquoi les laisser languir &
souffrir? Il n'y a qu'à profiter de la dis-
pense du nouveau Législateur. Qu'on les
dégage du nœud fatal qui les lie. Rendus à leur premiere liberté, ils s'adres-
seront ailleurs. Mais, Monsieur le Docteur, s'il ne rencontre pas mieux, que
faudra-t-il qu'ils fassent? Ils profiteront
une seconde fois de la sage indulgen-
ce de la loi, puisque les mêmes raisons subsisteront encore. Et peut-être
qu'après un certain nombre de tentati-
ves, ils trouveront enfin l'un & l'autre
le consort qui leur convient. Il est vrai
que ce trafic de mariage n'étoit pas
connu auparavant; c'est une heureuse
découverte des nouveaux Législateurs,
& un moyen de conserver les mœurs.
Si c'est pour conserver & pour réformer les mœurs qu'on donne de pa-
reils principes, ils seront très-propres à
conserver celles des libertins & des dé-
bauchés.

C'est pour mieux confirmer cette
Doctrine si décente, qu'on assure qu'il

eſt peu de peuples de la terre (1) , qui
ne permettent le divorce, quand l'incompatibilité des humeurs' met un obſta-
cle invincible à l'amour, & que l'indiſſolubilité abſolue du mariage, n'eſt une maxime de conſcience que dans quelques
cantons de la terre ſeulement. Voilà
qui pourroit bien faire quelque im-
preſſion s'il étoit fondé ſur la vérité.
Mais malheureuſement il n'y a que la
vérité qui manque ici. Je ne crois pas
que l'Auteur veuille l'autoriſer de l'e-
xemple des peuples Mahométans. Les
Serrails de Conſtantinople & d'Hiſpaan
ne quadrent guères avec nos mœurs.
On a plus d'égard & de reſpect pour le
Sexe en Europe , parce qu'on y ſuit
mieux les lumieres de la raiſon. Il ne
peut point y avoir de divorce , lorſqu'il
n'y a point de mariage, & il n'y en a point
parmi ceux qui ne regardent les perſonnes du Sexe que comme un troupeau
d'eſclaves faites pour leur plaiſir. Les Nations idolàtres ſont généralement trop
barbares & trop groſſieres pour en faire
l'exemple des nations les plus éclairées
& les mieux policées.

(1) 2. P. chap. 1. A. 4.

C'eſt donc aux nations les plus éclairées
& les mieux policées qu'il faut s'en tenir
aujourd'hui. Qu'on nous montre maintenant, s'il y en a beaucoup qui permettent le divorce, & ſi l'indiſſolubili-
lité des Mariages n'eſt une maxime de
conſcience, que dans quelques cantons
de la terre ſeulement. Il n'y a rien de
ſi aiſé que d'avancer certaines choſes,
mais il eſt quelquefois bien difficile de
prouver qu'on n'a pas été téméraire en
les avançant.

Enfin le divorce même ne met pas
encore aſſez à ſon aiſe. Il faut faire
encore un pas & anéantir abſolument
le mariage, *parce qu'on tremble toujours
de ſerrer des nœuds qu'on ne pourra plus
rompre.* „ (1) Une union, demande l'Au-
„ teur, une union durable entre deux
„ fideles amans qui n'ont qu'un cœur,
„ qu'une volonté, qu'une ame, n'eſt-
„ elle pas plus ſainte, plus pure, plus
„ eſtimable que celle qui n'eſt affermie
„ que par la néceſſité?"L'Auteur en convient ſans conteſter.„ C'eſt-là, dit-il, le
„ lien que la nature approuve, ſurtout
„ſi l'on eſt dans l'intention de ne le point

(1) II. P. *chap.* 4. *A.* 1.

„ rompre. " Le *surtout* eſt remarquable:
La nature l'approuve plus vólontiers
quand on a cette intention; mais elle
ne l'approuveroit pas moins, quand
même on ne l'auroit pas. L'union ca-
pricieuſe & ſouvent inſenſée des amans
&des maîtreſſes eſt donc plus reſpectable
que le Mariage, & par conſéquent pré-
férable.C'eſt bien le ſentiment dePanage;
mais on ſçait aſſez que ceux qui ſuivront
ſon ſentiment ne ſeront pas les hommes les plus reſpectables de la Société.
Car les Loix divines & humaines ſont
d'accord à ne regarder les enfans pro-
venus d'une pareille union que comme
de triſtes rebuts, qui porteront toujours
la tache de l'illégitimité de leur naiſ-
ſance. L'Auteur ne l'ignore pas. Mais
ce n'eſt là, dit-il, qu'une injuſte pré-
vention, comme le péché qui y donne occaſion n'eſt qu'un péché prétendu.

Auſſi voudroit-il bannir tout cet appa-
reil de cérémonies rebutantes qui font
la ſolemnité des Mariages, afin de
mettre les amans plus à leur aiſe. Et à
la page ſuivante oubliant ce qu'il vient
de dire, il déclare que les loix poſiti-

ves qui ont déterminé ces solemnités
sont très-sages, & qu'elles ne font que
seconder le vœu de la loi naturelle.
Voilà comment l'Auteur s'accorde
avec lui-même. Cependant c'est un
Auteur qui pense ; son Livre est excellent. Je crois qu'on doit faire autant
de cas des éloges que certaines gens
font de ce Livre, que de la Doctrine
qui y est enseignée.

Que la Philosophie Chrétienne est
bien plus sage, plus raisonnable & plus
décente ! Elle nous apprend qu'il n'est
aucun point sur lequel la loi naturelle
parle d'une maniere aussi touchante que
sur l'indissolubilité des sacrés nœuds du
mariage. Elle veut, cette loi si pure, que
l'épouse & l'époux se regardent comme deux principes qu'un tendre amour
réunit pour concourir aux plus beaux
desseins du Créateur ; que de leur chas-
te union il en naisse une troisiéme personne qui soit leur propre substance &
leur véritable image, & qui réunissant
en elle les deux sangs & les deux
amours, ne fasse plus qu'un même
amour & un même sang.

Comme le pere se complaît dans son

D

enfant qui eſt ſon image, il doit ſe complaire auſſi dans ſon épouſe à qui cette
image appartient également & indiviſi-
blement. Et comme l'épouſe ſe complaît
dans ſon enfant qui eſt ſon ſang & ſon image, elle doit également ſe complaire
en ſon époux, à qui cette image appartient autant qu'à elle-même. Les deux
amours du pere & de la mere ſe réuniſ-
ſent d'abord dans l'enfant qui eſt leur
bien commun, & il devient un amour
unique, auſſi indiviſible que l'enfant qui
en eſt le gage précieux. Cet amour unique ne peut ſubſiſter que par l'union,
il ſe détruiroit par la ſéparation, & par
toute union étrangere. Auſſi le Créateur
dans le moment de cette divine inſtitution, déclare que l'époux quittera tout
ce qu'il a de plus cher au monde, pour
s'attacher à ſon épouſe, & que l'épouſe en
fera tout autant pour s'attacher à ſon
époux, que bien qu'il y ait deux perſonnes elles ſeront cependant réduites à une
eſpéce d'unité. *Et erunt duo in carne unâ*
Gen. 2. & Jeſus-Chriſt en expliquant
cette même Loi du Créateur, déclare
que l'homme n'aura pas droit de ſépa-
rer ce que Dieu a uni. Voilà l'origine

de l'indiſſolubilité du mariage. Les ſuites n'en ſont ni moins reſpectables, ni
moins ſacréees.

Les époux après avoir reçu un gage précieux de leur amour, doivent encore veiller à ſa conſervation. Ils doivent avoir
pour lui les attentions & les ſoins les plus
tendres, durant la foibleſſe de ſon enfan-
ce; enſuite lorſqu'il ſera un peu fortifié,
lui former l'eſprit & le cœur, lui donner
des mœurs, lui inſpirer l'amour de la vertu, l'inſtruire de la Religion, être ſon
guide, ſon conſeil, ſa lumiere, pour
ſuppléer à ſon inexpérience dans la
jeuneſſe, faire en un mot tout ce que
la ſageſſe & la tendreſſe peuvent inſpirer pour celui que la nature rend l'objet de l'amour le plus légitime & le plus
doux. Il falloit que le pere & la mere y
concouruſſent également, parce que le
devoir eſt égal; & il falloit qu'ils de-
meuraſſent unis, pour agir de con-
cert.

Mais ce n'étoit pas ſeulement pour
les fruits précieux du Mariage que ſon
indiſſolubilité devenoit néceſſaire. Elle
l'étoit également pour procurer aux
époux les agrémens & les ſecours les

plus intéreſſans, & pour conſerver leurs mœurs.

Il n'y a que les tendres ſoins d'une épouſe qui puiſſent dédommager un époux des travaux où ſon état l'engage. Elle prend part à ſes peines, ſes travaux, ſes ſuccès, ſa gloire, ſes profits. Tout cela devient alors plus doux pour l'époux lui-même. Les complaiſances & l'empreſſement vif & tendre de ſa chere moitié, ſont les plus doux ſoulagemens qu'il puiſſe trouver après ſes fatigues & ſes travaux. Dans la vieilleſſe, ce même amour plus pur & plus ſage, ſans être moins vif & moins ſincere, acheve de couronner les douceurs de cette divine inſtitution.

Cette même indiſſolubilité étoit bien plus eſſentielle encore pour la conſervation des mœurs des époux. Le mariage a ſes peines & ſes amertumes, comme ſes agrémens & ſes douceurs. Cette variation n'eſt pas l'effet de l'inſtitution divine, mais de la foibleſſe de la nature. S'il y avoit quelque prétexte pour en rompre les liens, que reſteroit-il de mœurs parmi les époux? Si l'incompatibilité de l'humeur, ſi l'adultere mê-

me étoit une raison pour rentrer dans
sa premiere liberté ; quels désordres
ne verroit-on pas dans toutes les
maisons & toutes les familles ? Les
Grands, les Princes & les Rois, sujets
aux mêmes passions que les autres hommes, & revêtus d'une autorité, devant
laquelle il faut que tout plie, ne pro-
fiteroient-ils pas des plus légers prétextes
pour briser le joug du Mariage, & le
reste des hommes ne suivroit-il pas
bien-tôt l'exemple des Grands & des
Rois ? Et alors que de victimes innocentes sacrifiées aux caprices & à l'humeur d'un homme passionné, que d'enfans maltraités, à cause d'une mere innocente qui seroit devenue odieuse, que
de scandales & de troubles dans les
familles & dans les sociétés !

Si les humeurs & les caractéres ne
s'accordent plus, au lieu d'user de con-
descendance, d'égards & de ména-
gemens mutuels, au lieu de se sup-
porter, de patienter, pour rappeller
la paix ; l'opposition ne fera qu'augmen-
ter par l'espérance de briser un joug
odieux & incommode, & les aversions
& les haines deviendront implacables.

Si le cœur se laisse prendre par de nouvelles amours, ces aversions & ces haines se changeront en fureur, & l'époux & l'épouse ne soupireront qu'après le moment où ils pourront aller se jetter, l'une dans les bras d'un nouvel amant, l'autre d'une nouvelle maîtresse, pour donner peut-être encore dans quelques années un spectacle aussi indécent. Mais que cette espérance leur soit ôtée : la nécessité & la raison pourront les faire rentrer dans le devoir, la Religion leur fournira les plus grands motifs & les plus grands secours pour les y engager, & alors on ne pourra s'empêcher de reconnoître la sagesse & la sainteté des vûes du Créateur.

Que l'Adultére soit un motif suffisant pour briser le joug du Mariage. Le moyen paroîtroit à bien des gens trop facile & trop doux pour ne pas en profiter. La plupart des époux recouvreroient bientôt leur ancienne liberté, & cette facilité loin d'arrêter le désordre ne feroit qu'y engager. La Loi des Juifs, & bien des Loix humaines ont condamné les Adultéres à la mort. La Loi Chrétienne plus douce, permet la séparation en laissant subsister le lien. Cependant la partie innocente peut pardonner à celle qui est coupable, l'honneur, l'intérêt, la Religion conseillent souvent de le faire. Si on ne le veut pas, la séparation deviendra alors un malheur volontaire pour l'un, & une juste punition pour l'autre.

Que la Religion & la raison président aux choix des alliances, & qu'elles soutiennent dans les engagemens du Mariage, & l'on ne trouvera plus dure la loi de l'indissolubilité. Cette loi est absolument nécessaire pour remplir les devoirs d'un amour véritable, tel que la nature le demande ; pour veiller à ce qu'on doit aux enfans ; pour arrêter les désordres que la dissolubilité entraîneroit infailliblement. En un mot elle est absolument nécessaire pour le bon ordre général ; elle n'est fâcheuse que pour quelques cas particuliers, & qui sont la suite de la foiblesse & des imperfections de l'humanité. Mais alors la Religion doit venir au secours, & il faut au moins faire de nécessité vertu en ce cas, comme on est obligé de le faire en bien d'autres.

ARTICLE TROISIE'ME.

Des Maximes féditieuses qui fe trouvent
dans le Livre des Mœurs.

IL eſt vrai que l'Auteur parle fort bien
en pluſieurs endroits de ſon Livre des
devoir des parens envers leurs enfans, &
des enfans envers leurs parens. Il n'étoit
pas cependant néceſſaire qu'il fît unLivre
pour cela. Les Auteurs Sacrés & les
Philoſophes chrétiens nous avoient déja donné ſur tous ces devoirs, les préceptes & les régles les plus pures & les
plus ſaintes, & toujours parfaitement
bien ſoutenues. Mais il étoit bien moins
néceſſaire encore que parmi les maximes communes & ordinaires ſur ces
matieres, il en inférât qui ne vont qu'à
outrager la nature, qui ne ſont propres qu'à favoriſer l'eſprit de rébellion
contre ceux que Dieu nous ordonne
de reſpecter, à autoriſer tous les écarts
dont ſont capables les mauvais caractéres, à détruire toute dépendance &
toute ſubordination, en un mot à étouf-
fer

fer tous les fentimens naturels les plus juftes & les plus raisonnables. Telle eft entre autres la propofition qu'il ofe avancer : *Qu'un homme par la fimple qualité de pere, n'aquiert aucun droit fur le cœur de fon fils.* (1)

Si ce principe eft vrai, cette conféquence ne le fera pas moins : Un fils par la fimple qualité de fils, n'eft tenu à rien, n'eft redevable de rien à fon pere. Mais fi la premiere vûe de cette conféquence révolte, comment doit-on regarder le principe ? „ Le pere, ajoûte „ Panage, pour mieux développer encore fon intention. „ Le Pere ne peut „ prétendre juftement aux fentimens „ du cœur de fon fils, qu'autant qu'il „ remplit les devoirs que la nature at-„ tache à ce titre. " Le fils fera donc en droit d'examiner fi fon pere a rempli tous ces devoirs, afin de régler là-deffus les fentimens qu'il doit avoir pour lui. Ainfi s'il les a tous remplis, il fera obligé de l'aimer : S'il en a autant manqué, qu'il en a rempli, le tout dans la comparaison fe

(1) I. P. Ch. 2. §. 2.

E

réduisant à zéro, il lui sera permis d'être indifférent. S'il n'en a point ou presque point remplis, il sera en droit de se regarder, comme on regarde dans la société les hommes injustes, infidéles, & qui manquent aux devoirs les plus essentiels. Dès que les liens du sang ne font plus rien, on ne doit plus garder un pere précisément en qualité de pere, que comme on regardoit tout autre de sa Province & de sa Nation. Des hommes Iroquois auroient horreur d'une pareille morale. Panage nous la donne comme la plus pure morale de la loi naturelle. Mais si cela est ainsi, il faut que la loi naturelle soit une bien horrible chose.

Il a beau crier ensuite aux enfans d'aimer & d'honorer leurs peres. Un fils imbu de ses principes lui dira : Je sais que je dois aimer mon pere, mais par reconnoissance & à proportion des soins qu'il a eu de moi, des services que j'en ai reçus, du bien qu'il m'a fait ; mais je ne lui dois rien, si je ne le regarde pas comme auteur de ma vie; (1) „ Ou si je lui dois tenir com-

(1) Ibid.

„ pte de ce prétendu bienfait, il faut
„ donc que je lui tienne compte auſſi
„ de tous les mets délicats qu'il s'eſt fait
„ ſervir, de tout le champagne qu'il a
„ bû, de tous menuets qu'il a danſé. „
Or certainement des bouteilles de
Champagne avalées, des menuets dan-
ſés ne fourniſſent pas des titres fort
ſpécieux pour exiger du reſpect & de
l'amour. C'eſt vous-même, Monſieur,
qui me l'avez appris. Mes ſentimens
pour mon pere, je ne fais que les régler ſur votre doctrine.

Cette doctrine monſtrueuſe ne ſe
dément pas dans la maniere dont elle apprend à des enfans à traiter un
pere dont on auroit ſujet d'être mé-
content. Quelque dur & injuſte qu'un
pere puiſſe être, la loi Chrétienne n'au-
toriſe jamais un enfant à le regarder
comme un ennemi. Elle permet bien
de ſe dérober à des violences & à des
rigueurs injuſtes, pourvû qu'on ne
manque ni au reſpect, ni aux égards,
ni à aucun autre devoir envers lui. Elle
ordonne d'aimer ceux même qui ſont
nos ennemis, à plus forte raiſon ceux de
qui nous tenons la vie ; d'obéir par la

vûe de Dieu, aux Maîtres les plus ca-
pricieux, à plus forte raison à ceux qui
ont une autorité si légitime sur nous.
Des dispositions si sages & si raisonnables ne peuvent manquer d'entretenir
l'ordre & la paix, ou du moins de faire
pratiquer les plus belles vertus. Notre
nouveau Législateur ne se pique pas d'en
enseigner de pures. (1) *Toute la distinction,* dit-il, *qu'on doit à un mauvais pere,
c'est de le traiter en ennemi respectable.*
Comment cette horrible maxime a-t-
elle pû couler de la plume d'un homme qui veut inspirer des mœurs
? Comment n'a-t-il pas vû l'abus criminel qu'on pourroit en faire, & les
conséquences qu'on pourroit en tirer ? Combien de fils dénaturés s'en
croiront autorisés à traiter leurs peres
en ennemis respectables ? Qu'il exagere tant qu'il voudra les défauts & les
vices du malheureux pere qu'il représente, la nature sera toujours révoltée,
& la raison indignée de l'affreuse maxime qu'il ose établir.

Maintenant ses principes sur l'autori-

_____

(1) III. P. ch. 1 A. 4.

_té des Souverains , ne leur font pas plus favorables que ceux qu'il donne fur l'autorité des peres. Certainement on ne défapprouveroit pas à Londres cette propofition qu'il avance : *Que les Rois tiennent leur autorité de la volonté du peuple au moins dans l'origine.*(1) Les Rois difent qu'ils la tiennent de Dieu, les Parlemens condamnent quiconque oferoit dire le contraire. Panage fe moque également des droits des Rois & des maximes felon lefquelles décident les Parlemens. Voilà donc les peuples en droit d'examiner fi les Rois ufent bien , ou s'ils abufent de l'autorité qui leur a été confiée , de juger ceux à qui ils font obligés d'obéir, & même fi le cas y échoit , de les condamner. C'eft la maniere angloife de penfer. Il eft aujourd'hui du bel air , chez de certaines gens de la prendre dans ce qui concerne les matieres d'autorité, comme dans ce qui concerne les matieres de Religion.

C'eft par des maximes femblables à celles qu'établit ici l'Auteur que Cromwel fouleva , il y a une fiécle , toute

(1) I. P. ch. 4.

E iij

l'Angleterre contre son Roi, & donna
cet horrible & unique spectacle qui
fit l'étonnement de l'Europe, & qui fait
encore aujourd'hui l'opprobre des An-
glois. Ce fameux scélerat en usa envers
Charles I. *avec toute la distinction qu'il
lui devoit.* L'infortuné Monarque dé-
trôné, emprisonné & conduit sur un
échaffaud, *fut traité par ses sujets en ennemi respectable.* On suivit à son égard
les mêmes maximes & la même morale que débite ici notre Auteur.

Ce n'est pas encore assez pour l'a-
nage d'avoir établis ces principes sédi-
tieux & si favorables à l'esprit d'indépen-
dance & de rébellion. Il en donne encore d'autres qui ne sont propres qu'à
enhardir les sujets à mépriser toutes
les loix & les ordres des Princes. Selon
lui la fidélité à observer ses loix & ses
ordres, n'est point commandée par la
raison. (1) Car *le vertu, dit-il, consiste
dans une constante fidélité à remplir les
devoirs que la raison nous dicte... Or
la fidélité à observer les loix des Princes, quand ils enjoignent à leurs Sujets
de payer certains droits, certains subsi-*

_____

(1) Disc. Prélim.

des ... ne fait pas des hommes vertueux.

Ainſi on ne doit pas regarder cela comme une obligation que la raiſon nous dicte. Ce que l'Auteur dit là de certaines loix peut bien aiſément s'appliquer à toutes les autres. Avec un pariel principe on auroit bien - tôt renverſé tout l'ordre civil. Cependant loin d'être effrayé de ces horribles conſéquences, l'Auteur met dans la même catégorie toutes les loix poſitives ſans diſtinction de civiles ou de religieuſes, de celles qui concernent les droits & l'autorité des Princes, ou de celles que Dieu auroit établi, ou pourroit établir pour le culte & la Religion. Ne ſemble-t-il pas d'abord que le monde ſeroit bien à ſon aiſe, ſi ſelon le ſyſtême de Panage, il étoit ainſi tout à-coup affranchi de loix qu'on trouve ſi ſouvent incommodes? Mais la raiſon ne nous dit elle pas auſſi que ce monde ſi à ſon aiſe ſeroit bien-tôt dans le plus épouvantable déſordre & dans la plus horrible confuſion.

ARTICLE QUATRIE'ME.

*Des Calomnies contre la Religion ré-
pandues dans le Livre des Mœurs.*

IL est des gens à qui le mensonge, l'im-
posture, la calomnie ne coûte rien,
& qui s'employent sans scrupule, en
même tems qu'ils font les plus beaux
éloges de la sincérité, de la droiture &
de l'amour de la vérité. C'est ce que
font sur-tout les ennemis de la Religion. „ Moyse, dit Panage, n'osa
„ pas même dans ses fameuses Tables
„ faire aux Juifs un précepte d'aimer
„ Dieu. Et comment l'auroit-il pu : (1) Il
„ l'avoit peint si terrible, si cruel & si
„ ombrageux, qu'un peuple imbu de
„ sa doctrine ne pouvoit que le crain-
„ dre, & ne devoit le révérer que com-
„ me à Rome on honoroit la *Fiévre*,
„ Divinité mal-faisante qu'il étoit dan-
„ gereux de mettre de mauvaise hu-
„ meur, "

Est-ce d'ignorance, ou de mauvaise
foi qu'il faut accuser ici Panage ? S'il

(1) III. P. Chap. I. A. 4.

n'a pas lû la loi de Moyſe, pourquoi
en parle-t-il ? & s'il la lue , pourquoi la
calomnie-t-il ? Il a trop d'eſprit &
de ſçavoir pour que l'on puiſſe rien rejetter ſur l'ignorance; mais ſi on ne peut
pas l'accuſer d'ignorance, n'a-t-on pas
quelque choſe de bien plus odieux encore à lui roprocher ? Il n'eſt preſque
point de chapitre dans le Deutéronome
qui n'eſt autre choſe que la publication de la Loi , où Moyſe n'exhorte le
peuple à l'amour de Dieu : „ Vous ai-
„ merez donc le Seigneur de tout votre
„ cœur , de toute votre ame , & de
„ toutes vos forces , dit-il , au chapitre
„ 6. & ce précepte ſera profondement
„ gravé dans votre cœur. Vous-en inſ-
„ truirez vos enfans , afin qu'ils y ſoient
„ également fidéles. Voilà ce que commande le Légiſlateur , & qu'on accuſe
de n'avoir pas oſé faire un précepte de
l'amour de Dieu.

Mais les fameuſes Tables elles-mê-
mes ne diſent-elles rien de l'amour de
Dieu ? Et n'eſt ce pas à ceux qui aimeront Dieu , que les plus tendres preuves de ſa bonté ſont aſſurées , tandis
qu'il n'y a que des menaces pour ceux

ceux qui ne l'aimeront pas. Je suis le Seigneur votre Dieu. (1) C'est moi qui vous ai tiré de l'esclavage de l'Egypte. Je suis un Dieu jaloux des honneurs de la divinité (parce qu'il n'y a point d'autre Dieu que moi) Je punis les fautes des peres sur les enfans jusqu'à la troisiéme génération. Mais ma bonté pour ceux qui m'aiment se fait sentir jusqu'à la milliéme génération. Ainsi s'exprime Dieu lui-même, Sied-il bien après cela au Contradicteur de Moyse, de dire qu'il n'a ni osé, ni pû faire un précepte de l'amour de Dieu ? Et de quel nom mérite-t-il d'être qualifié ? Panage ne s'embarrasse guères de la loi Judaïque ; mais la Religion Chrétienne est fondée sur celle là, il n'oublie rien pour en inspirer de l'horreur, afin qu'en ébranlant ce fondement s'il étoit possible, il fasse tomber la Religion Chrétienne elle-même.

Moyse avoit peint ce Dieu si terrible, si cruel & si ombrageux qu'on ne devoit le révérer, que comme à Rome on honnoroit une Divinité malfaisante, qu'il étoit dangereux de mettre de mau-

vaife humeur. Voilà une plaifante idée
de Dieu & une comparaifon bien in-
téreffante. Je crois que Panage a dû fe
fçavoir bon gré de l'avoir trouvée,
perfuadé que les libertins la liroient
& la répéteroient avec complaifance,
quand ce ne feroit que pour infulter
les vrais Chrétiens. Il trouve le Dieu
de Moyfe terrible, cruel & ombrageux. Eft-ce donc à caufe des châtimens dont il menace ceux qui feront
infidéles à la loi ? Mais les châtimens,
dont menace cette loi, ne font rien en
comparaifon des récompenfes promifes
à ceux qui y feront fidéles. Aimer,
gouverner, récompenfer & punir ; c'eft
dit l'Auteur, ce qui fait les obligations
des Souverains qui font fur la terre
les fubftituts de Dieu & fes repréfen-
tans. Or Moyfe repréfente un Dieu qui
aime tendrement, qui gouverne fa-
gement, qui récompenfe magnifique-
ment, & qui ne punit qu'à regret, &
après avoir long-tems menacé. S'il eft
terrible, ce n'eft que pour les ennemis
de fon peuple, & c'eft un nouveau motif
de reconnoiffance & d'amour. S'il l'eft
quelquefois pour fon peuple même, ce

n'eft que pour un nombre d'ingrats ré-
voltés, par la punition defquels il falloit
inftruire les reftes de la nation. Ainfi
font obligés d'en ufer quelquefois les
Princes les plus fages, qui n'ont pas
tant de droits fur leurs fujets que Dieu
en a fur les hommes.

Quant à l'imputation de Dieu cruel
& ombrageux, tout ce qu'on peut dire,
c'eft qu'un blafphême eft bien plutôt là-
ché que juftifié. Il eft vrai qu'on eft
quelquefois furpris des fanglantes exécutions que Dieu ordonna de faire dans
la terre de Chanaan Mais peut-on difpu-
ter auSeigneur le droit de condamner des
criminels ? Or les Chananéens ne furent
condamnés que pour leurs crimes, crimes
héréditaires. Ils defcendoient deCham, fe-
cond fils de Noé qui manqua de refpect à
fon pere d'une maniere fi indigne, & qui
en fut maudit. Crimes perfonnels de ces
defcendans dignes d'un fi mauvais pere. L'Ecriture eft pleine des traits des
infamies & des débauches des Chananéens. Mais les enfans à la mammelle
étoient-ils coupables ? Cependant ils
étoient condamnés. On peut regarder
les exécutions commandées par le Sei-

gneur comme une juste punition des crimes des adulteres, & comme des coups de misericorde pour les enfans qui propablement seroient devenus aussi criminels que leurs peres, s'ils avoient vécu. Dieu étoit juste en punissant les peres. Qui oseroit dire qu'il étoit injuste en ôtant la vie aux enfans. Il faudroit donc dire aussi qu'il est injuste en permettant les pestes, les guerres, les maladies, & tous les autres fléaux qui portent de tems en tems la désolation & l'horreur dans différens cantons de l'univers. Quelle extravagance que celle d'une créature, qui oseroit demander au Créateur les motifs & les raisons de sa conduite.

Quand nous sommes surpris des coups que frappe le Seigneur, c'est que nous ne pensons qu'à l'intérêt de l'homme, & que nous ne songeons point aux intérêts de la justice & de la gloire ni aux droits de Dieu. Un homme qui étudie sa Religion avec droiture, trouve dans la conduite de Dieu tout ce qui peut exciter les sentimens les plus justes de respect, de reconnoissance & d'amour, & il n'y apprend qu'à l'aimer, le craindre

& l'adorer. Un homme dont le cœur est corrompu faisit avec avidité toutes ces vûes par où la malignité humaine peut rendre la Religion odieuse , & les égaremens de la raison, vont encore plus loin chez lui que les déréglemens du cœur.

C'est pour cela que Panage à l'imitation des autres impies fait tous ses efforts pour faire passer la Religion Chrétienne pour Religion sanguinaire. (1) Il représente vivement l'animosité, les haines irréconciliables , les vengeances, le barbare acharnement, les ruisseaux de sang que la diversité des cultes a fait couler. Il semble qu'il ne parle que de la Religion en général. Mais de peur que l'on ne se trompe dans l'application, il ajoute :

,, Qu'on a beau faire des efforts géné-
,, reux pour la paix, que quoiqu'ordonne
,, la Religion Chrétienne, la plus pacifique
,, de toutes dans la théorie, on ne se fait
,, point à aimer des damnés, & que
,, cette méthode fanatique de dévouer
,, des hommes vivans à l'enfer n'est
,, propre qu'à les faire massacrer.

(1) I. P. ch. 3.

En vérité à entendre Panage, le monde est bien malheureux d'être Chrétien. Il en iroit bien mieux, s'il étoit encore payen, ou qu'il n'eût d'autre Religion que la prétendue Religion de nos nouveaux Philosophes. Il n'y a qu'eux qui.fassent des efforts généreux pour la paix, & il n'y a que la Religion Chrétienne qui la trouble. Elle n'est pacifique que dans la théorie. Ses maximes fanatiques ne font propres qu'à faire massacrer les hommes.

Les Dioclétiens, les Nérons, les Genserics qui ont inondé la terre du sang des Chrétiens, ne font pas si odieux, & n'ont jamais rien fait de si barbare, que ce qu'a fait faire le Christianisme. Voilà ce que les impies de nos jours voudroient nous persuader.

C'est pour cela qu'ils citent à tous propos & toujours infidélement les Guerres de Religion, qui ont bouleversé l'Europe, il y a deux siécles. Mais arrêtez, Messieurs les Calomniateurs du Christianisme. Les Sectaires, selon les principes même de Panage, étoient les seuls coupables, puisqu'il n'est jamais permis de donner atteinte au

culte dans lequel on eſt né, ſoit en le
troublant, ſoit en l'abjurant. Or les Sectaires étoient coupables de l'un &
de l'autre crime ; d'ailleurs les ſujets
ſont obligés d'obeir à leur prince. Or
les Sectaires déſobeiſſoient, ſe révol-
toient, prenoient les armes & vouloient
faire la Loi à ceux de qui ils devoient la
recevoir. Faut il donc imputer ces deſor-
dres à la Religion Chrétienne ?

Quel que ſoit un prince, cette Religion
veut qu'on lui obéiſſe, qu'on le ſerve,
qu'on garde ſes Loix, qu'on ſe conforme
à la police qu'il établit dans ſes Etats.
La ſeule reſtriction qu'elle mette à l'o-
béiſſance, c'eſt la Foi & les comman-
demens du Seigneur. On doit ſe laiſſer
plutôt égorger que d'y manquer, & il
n'eſt jamais permis d'oppoſer la violence à la violence. Ainſi firent les Chrétiens des trois ou quatre premiers ſiécles.
Les Sectaires ne les avoient pas pris pour
modéles. On oppoſe le maſſacre de la
ſaint Barthelemi, & c'eſt apparemment
ce que veūt rapeller Panage quand il
dit : » Qu'on ne tienne pas la bride
» au fanatiſme, Dieu, le Dieu même des
» Chrétiens verra tous les jours les Au-
» tels

» tels fumer du Sang humain. Puisse-t-
» il avoir oublié les horribles Sacrifices
» en ce genre que nos peres lui ont
» offerts « ! Que veut-il infinuer par ces
grandes expreffions ? Il n'eft perfonne
qui ne regarde le maffacre de la faint
Barthelemi comme une tache pour notre
Nation, comme une faute d'un Prince
féduit par quelques particuliers, & non
pas comme la faute de la Religion.
Qu'on cite un Magiftrat, un Hiftorien,
un Théologien de nom qui l'ait approuvé.
On admire encore dans Coligny les plus
grandes qualités de l'homme de Guerre
& de l'homme d'Etat. On le plaint
inhumainement maffacré dans fon Hôtel;
Mais on le détefte à la tête d'une Armée
de rebelles & les Armes à la main contre fon Roi. Les maximes qui ne font
propres qu'à faire maffacrer les hommes
n'étoient pas connues, ou du moins ne
l'étoient gueres avant Luther & Calvin.
Leur époque fait connoître leurs auteurs.

Je pourrois encore mettre parmi les
calomnies contre la religion la maniere
indécente dont l'auteur traite les Evêques, les Prêtres & les Moines, parce

que c'est la haine de la Religion qui l'a-
nime si fort contr'eux. Les Evêques
ne sont le plus souvent à ses yeux que
gens sans talent, que d'indignes flatteurs &
de vils courtisans. Les Prêtres & les
Moines que des faineans qui ne font
dans la societé que des inutilités ou des
crimes. Il n'est pas surprenant qu'il parle
ainsi. Un homme comme Panage ne
voit rien en effet de plus inutile que
d'être consacré à adorer & à celebrer
les grandeurs de Dieu, & rien de plus
criminel que de vivre dans la continence.
Je ne dis rien là-dessus. On s'apperçoit
dabord assez que cette maniere de s'ex-
primer se sent bien plus du cinique im-
pudent que du Philosophe raisonnable.
Un homme équitable conviendra toujours qu'il n'est point de corps dans l'Etat
qui réunisse tant d'avantages du côté
de la naissance, des talens, de la vertu que le corps Ecclésiastique & que
si parmi ceux qui le composent il y en
a qui menent une vie inutile, ils n'ont
rien en cela qui ne leur soit commun
avec tous les autres corps de la societé.

ARTICLE CINQUIEME.

Des Idées peu respectables que le Livre des Mœurs donne de la Vertu.

PAnage ne criera-t-il pas à la calomnie, si on l'accuse d'annéantir la vertu, ou du moins d'en donner des idées bien basses, & bien peu respectables? Ne renverra-t'il pas à mille endroits de son Livre où il en fait les éloges les plus magnifiques, où il y exhorte le plus fortement & annonce qu'il faut toujours tout raporter à la vertu, & tout sacrifier à la vertu? Mais nous ne ferons nous-même que renvoyer à mille endroits de son Livre, pour convaincre que tous ces magnifiques éloges, & ces fortes exhortations ne font qu'un leure qu'il présente, que de la poussiere qu'il jette aux yeux, & un artifice pour surprendre ceux qui ne réfléchissent pas, sans s'exposer cependant à déplaire aux libertins & aux gens sans mœurs qu'il veut flatter; car malgré les graves

F ij

Sentences qu'il prononce , & les maximes aufteres qu'il affecte de débiter
quelquefois , fur des points moins inté-
reffans , fi on l'examine avec un peu
d'attention , on verra que fa vertu n'eft
pas fort effrayante , & qu'elle ne coûte pas grand-chofe. Une *Adelaide* par
exemple , eft vaine dans fes parures,
libre dans fes converfations , (1) elle
n'eft que dans des cotteries décriées.
Cela peut bien mettre la puce à l'o-
reille de fon Mari , mais ne donnera
pas le moindre foupçon de fa vertu à
Panage. Il déclare hardiment qu'elle eft
vertueufe. *Eufebe* fronde le culte établi
chez les concitoyens. Il n'encenfe point
le Dieu de fon pays. Il femble qu'on
doit le regarder comme un impie. On
fe trompe. Panage le met au rang des
hommes pieux qui craignent Dieu,
l'honorent & le fervent. *Hermogene &*
Junie vivent dans un concubinage dé-
claré. N'importe , ils n'en font pas
moins vertueux , puifque leur union
eft fainte , pure & plus eftimable que
celle du Mariage. Enfin voulez-vous être
un faint ? Faites vos quatre repas tous

(1) *II. P. Ch. 1. A. 3.*

les jours, mangez indifféremment chair ou poisson, couchez sur le duvet, caresfez votre épouse, dès-lors vous serez canonisé par l'oracle de Panage. Il est vrai que ce ne sont là que des Saints d'Epicure, de ces Saints *quorum Deus venter est.*

Voilà un échantillon des sublimes & respectables vertus que Panage admire, de ces vertus par lesquelles il veut perfectionner les mœurs . & qu'il met bien au dessus des vertus chrétiennes. Cependant comme ces vertus ne sont pas fort imposantes, ni capables d'inspirer du respect, il leur en associe d'autres qui sont bien plus respectables par elles-memes. Mais il les dégrade & les défigure par la maniere dont il les présente & les dévelope. Ces vertus sont d'aimer Dieu, de s'aimer soi-méme, d'aimer ses semblables. Voilà, dit-il, toutes les obligations de l'homme. Il ne reste plus qu'à sçavoir comment il les explique.

La premiere vertu qu'il demande, c'est l'amour de Dieu. Mais bien entendu que cet amour de Dieu ne sera selon lui, qu'un amour purement spécu-

latif, qui n'engage à rien, qui n'oblige à rien , qui n'exige ni hommages
ni sacrifices ; il déclare même qu'il se
défieroit fort d'un homme qui auroit
des tems marqués pour rendre ces hommages à Dieu. ,, parce que, dit-il, tou-
,, tes pratiques réglées lui seroient équi-
,, voques. (1) Voilà sa nouvelle manière
,, d'aimer Dieu ".

Il veut ensuite qu'on s'aime soi-même. C'est là la vertu favorite de Panage. Or s'aimer soi-même , c'est 1o. ne
se rien refuser de ce que demande l'instinct , parce que Dieu nous l'a donné
pour veiller à la sûreté de nos corps,
les garantir de ce qui leur est préjudiciable , & les avertir de leurs besoins.
Il est donc conforme à l'institution divine de le suivre. (2) 2° Estre bien per-
suadé qu'il est juste de satisfaire les appétits corporels, parce qu'on ne doit
les regarder que comme des désirs in-
nocens, & qu'il ne faut point combattre. (3) 3°. De n'envisager les passions
que comme des dons précieux du Créateur, qu'il ne faut point détruire, mais

(1) I. P. C. 3. A. 2. (2) II. P.
(3) H. P. Ch. I. A. 1. §. 2.

dont il faut regler l'usage par la raison. Et si la raison ne pouvoit pas toujours les régler, ne pas croire que
les imperfections dans lesquelles elles
dégénerent soient incompatibles avec la
bonté d'un Dieu qui nous aime. 4°. De
ne se rien refuser de ce qu'exige l'amour
propre, que Panage soûtient innocent,
légitime, & même indispensable. (1)
Mais comme l'amour propre a été jusqu'à présent en assez mauvaise réputa-
tion, & qu'on l'a toujours regardé comme un vice, Panage en fait une vertu
nouvelle, il l'appelle une forte affec-
tion, que la pure nature nous inspire
pour nous-même. On ne doute pas que
l'amour propre ne soit une forte affection pour nous-même ; mais c'est
une affection trop forte, vicieuse, injuste & condamnable en ce qu'elle ne
respecte pas assez les droits, les goûts
& les egards vis-à-vis du prochain. Panage n'auroit pas fait cette bévûe, s'il
avoit distingué comme Monsieur Abbadie, l'amour de soi-même & l'amour
propre. C'est ainsi qu'il nous explique
la maniere dont nous devons aimer.

(1) II. P. Préamb.

Voilà les principes de ces vertus fortes & généreuses que Panage a nouvellement découverts ; c'est par ces vertus qu'il entreprend de réformer le monde, & par lesquelles il veut apprendre aux hommes à se rendre dignes du ciel & à faire l'admiration de la terre. Ne rien refuser à ses appétits ; se procurer tout ce qu'on peut de plaisirs & de satisfactions ; vivre au gré de ses passions & de ses désirs, & se bien persuader qu'il n'y a point de vertu à s'abstenir d'une chose licite. Voilà dit ce Docteur la morale la plus sure, la plus sublime & la plus sainte que l'on puisse annoncer aux hommes, & qu'ils doivent préférer sans hésiter, à tout ce qu'on pourroit aller chercher dans le vieux Livre de l'Evangile. Il peut bien avec ces beaux principes, se vanter de l'emporter de beaucoup sur le voluptueux Epicure.

Comme il ne voit point de vertu à s'abstenir d'une chose licite, (1) il ne témoigne qu'un souverain mépris pour les vertus chrétiennes & Evangéliques,

_____

(1) II. P. Ch. 1. A 1. S. 2.

qui nous font quelquefois facrifier par
amour pour Dieu, les chofes les plus
licites & les plus innocentes. Mais fa
maniére de raifonner en cela eft auffi
pitoyable que fa doctrine, eft honteufe
& méprifable. Car on loue tous les jours
un Guerrier qui pour prouver au Prince fa fidélité & fon zéle, s'arrache du
fein des plaifirs, fouffre la faim, la foif,
couche fous la toile ou au bivac, s'ex-
pofe continuellement à la mort ; & felon la Philofophie de Panage, il faudra
regarder comme un infenfé le chrétien
qui jeûne, qui fait quelques abftinen-
ces, fe prive de quelques plaifirs, pour
prouver à Dieu qu'il l'aime plus que
fes propres fatisfactions & fes appétits
corporels. On fait les plus magnifiques
éloges des Curius & des Fabrices, dans
qui leurs ennemis même admiroient encore plus le mépris qu'ils faifoient des
richeffes, que leur force invincible à la
tête des armées ; & felon les principes
de Panage, il faudra regarder comme
une folie le courage de ces chrétiens,
qui ne dédaignent les biens de la terre,
que pour fe mieux affurer ceux du Ciel.
   Si les Chrétiens n'étoient pas fondés

dans leurs espérances, un homme véritablement Philosophe louëroit cependant leur courage, il les plaindroit de faire de si grands frais inutilement, & il ne trouveroit rien dans leurs vertus qui ne fût digne de mépris. Mais s'ils sont bien fondés, le Philosophe Panage est donc aussi déraisonnable dans ce mépris qu'il affecte, qu'impie dans ses sentimens.

Tout est grand & sublime dans la morale des chrétiens. C'est la sagesse éternelle, c'est le fils de Dieu qui descend du Ciel en personne & se fait homme lui-même pour devenir leur Maître; qui pour les former aux plus pures vertus, les leur présente de la maniére la plus éclatante dans ses divins exemples, & les consacre toutes dans sa personne; qui leur propose un Dieu même pour modéle & pour le digne objet de leur émulation, qui leur inspire par sa grace un courage & une force où la nature ne pourroit jamais s'élever, qui leur assure la joüissance des délices & de la gloire dont il joüit lui-même dans le sein de son Pere, comme la digne récompense de leurs sacrifices & de leurs efforts généreux.

Dans celle de Panage au contraire tous eſt bas, foible, incertain & n'eſt propre qu'à dégrader l'homme. Aimer Dieu d'un amour purement ſpéculatif, n'être ni adultere, ni menteur, ni voleur, ni fripon, ne commettre aucun de ces crimes, pour leſquels on a dreſſé des échaffauds & des gibets. Du reſte ne ſe refuſer aucun plaiſir, regarder les paſſions comme un des plus ſûrs inſtrumens de notre félicité, vivre ſelon l'inſtinct, pourvû que l'inſtinct obéiſſe à la raiſon. Voilà toute ſa morale.

Il me reſte encore une petite difficulté à lui propoſer. Il dit qu'on peut vivre ſelon l'inſtinct, pourvû que l'inſtinct obéiſſe à la raiſon, & il ajoute que la raiſon au lieu de faire ſon devoir, n'eſt le plus ſouvent que la ſuivante fidelle des paſſions. Je lui demande donc ce que l'homme doit faire alors pour être vertueux. Je crois qu'il faudra qu'il ſe tire d'affaire comme il pourra. On pourroit tirer une concluſion de ce que l'Auteur répete aſſez ſouvent dans ſon Livre. Il aſſure que l'inſtinct eſt toujours innocent, & que la raiſon eſt ſouvent coupable. Pour aller au plus sûr, il faudroit donner la raison à conduire à l'inftinct, au lieu de le faire conduire lui-même par la raifon,

---

ARTICLE SIXIE'ME.

Des contradictions dans lefquelles tombe l'Auteur du Livre des Mœurs.

ON ne doit pas être furpris qu'il y ait tant d'impiété & d'indécencé, dans un Livre où l'on attaque fi ouvertement la Religion. Mais on doit l'être beaucoup qu'un homme qui fe donne pour Philofophe, & qui fait profeffion de ne fuivre que la raifon la plus pure, faffe tant de bévûes & donne dans de fi fréquentes contradictions. Je ne voudrois pas cependant mettre tout cela fur le compte de fon efprit. L'Auteur en a beaucoup. Il ne faut l'attribuer qu'à la mauvaife caufe qu'il foutient, & convenir qu'avec tout l'efprit du monde, il eft impoffible de ne pas fe démentir quand on combat la vérité.

Croiroit-on par exemple, qu'un efprit

fi jufte décide au même endroit qu'il eſt impoſſible d'aimer Dieu pour lui-même, & qu'il n'eſt pas impoſſible d'aimer Dieu pour lui-même ; que tout nous prouve que nous ſommes aimés de Dieu, & que nous ne devons cependant pas croire que nous en ſoyons aimés ? Pour s'en convaincre, il n'y a qu'à ouvrir ſon Livre. (1) ,, Si voûs ,, refuſez, dit-il, d'aimer Dieu, en ,, conſidération de ſes ſouveraines per- ,, fections, aimez-le au moins parce ,, qu'il eſt bon & bienfaiſant ''. Il ſuppoſe là qu'on peut aimer Dieu pour lui-même, puiſqu'il fait un reproche à ceux qui attendent ſes bienfaits pour l'aimer. Et dans le même chapitre il déclare que l'amour déſintereſſé eſt impoſſible. ,, Quiconque, dit-il, a ſuppoſé ,, qu'on pouvoit aimer quelqu'un pour ,, lui - même, ne ſe connoiſſoit guéres en affection. Toutes les perfec- ,, tions de Dieu, (2) dont il ne réſul- ,, te rien pour notre avantage, ne peu- ,, vent pas nous inſpirer de l'amour.

,, L'amour, dit-il au même endroit, ,, ne naît que du rapport entre deux

„ objets dont l'un contribue au bonheur
„ de l'autre «. L'homme certainement
ne fera pas affez préfomptueux pour
croire qu'il contribue au bonheur de
Dieu. Mais s'il ne peut pas contribuer
au bonheur de Dieu, il ne peut pas non-
plus fe flatter d'en être aimé , puifque
Panage décide qu'il n'y a point d'amour
qu'entre deux objets dont l'un contribue au bonheur de l'autre. Cependant
tournez la page , & il vous déclarera
que douter que Dieu nous aime , c'eft
douter qu'il exifte. Ainfi felon notre
Auteur , il eft impoffible que Dieu nous
aime , & impoffible qu'il ne nous aime
pas.

Qu'il fe foutient bien dans les por-
traits qu'il fait de la vertu ! „ Ici c'eft
„ une vierge o:pheline , abandonnée &
„ fans dot. Les avenues du Palais qu'el-
„ le habite font bordées de ronces &
„ d'épines, (1) & gardées par des génies
„ mal-faifans , qui en écartent ceux
„ qui l'approchent , les uns par mena-
„ ces, d'autres par promeffes , ceux-ci
„ à force ouverte , ceux-là par des pié-
„ ges adroits ‹‹. Là c'eft un génie com-

(1) II. P. chap. 2. S. 3.

mode qui s'accorde fans peine avec la Coquette *Adelaide*, l'impie *Eufebe*, & qui vous permet les plus délicates fen-fualités. Ici il blâme ces chrétie ns qui pour fuivre les confeils de Jefus-Chrift renoncent aux richeffes.(1) Là il dit qu'il n'y a que les vicieux qui traitent de fo-lie le mépris de l'or. Tantôt il vous dit qu'il ne faut point fe laffer de fouffrir pour la vertu, & tantôt que rien n'eft plus conforme à l'inftitution divine que de veiller au bonheur de nos corps en fui-vant l'inftinct, c'eft-à-dire le fentiment qui porte au plaifir. Quelque matiére qu'il traite, il donne toujours dans le même écueil, ce font toûjours de nou-velles contradictions. S'il parle de l'a-mour filial, il dit que c'eft une affec-tion qui attache le fils à fon Pere, (2) & qui eft dépendante des liens du fang. Et dans un autre endroit il dit que les liens du fang ne font rien à cet amour; que par la fimple qualité de Pere, un homme n'acquiert aucun droit fur le cœur de fon fils, (3) & qu'il ne lui eft rien dû à ce titre. S'il parle de ceux qui font capables de vertu, il fuppofe que le

(1) *Ibid.* (2) III. P. (3) I. P. Ch. 2. §. 20.

G iv

peuple ne ſçachant ce que c'eſt que la
vertu, il ne peut jamais être vertueux.
Car *faute de connoître la vertu*, dit-il,
on n'a que les mœurs du peuple. (1) Et
peu après il employe trois ou quatre
pages à prouver qu'il n'eſt perſonne
qui ne la connoiſſe, & poſe pour maxime inconteſtable que *les caracteres de
la vertu ſont écrits au fond de toutes
les ames*, & qu'ils ne peuvent jamais
s'effacer.

Mais jamais la confuſion, l'embar-
ras & les contradictions ne deviennent
plus ſenſibles que lorſqu'il met en jeu
ſon inſtinct & ſa raiſon pour régler la
conduite de l'homme. Il veut à quelque
prix que ce ſoit, être dans la morale
auſſi commode qu'Epicure & paroître
auſſi ſevere que Zenon, ne céder en
rien aux chrétiens pour la pureté de la
vertu, & fronder tous les principes &
toutes les maximes qui ſeront les plus
propres à l'aſſurer. Mais voyez & jugez par vous-même, comment il y
réuſſit.

» Dieu, dit-il, pour préſerver nos
» ames de ce qui peut leur ravir leur

(1) *Diſ. Prélim.*

„ innocence, (1) fait marcher devant
„ elles le flambeau de la raison qui les
„ méne à la vérité ", c'eſt bien débu-
ter. Mais cette raiſon lès y méne-t'elle
en effet, & y a-t'il bien là de quoi nous
raſſurer ? Oh, non, certainement ; car
de l'aveu même de l'Auteur, „ elle eſt
„ ſouvent en défaut, (2) elle nous
„ manque ſouvent au beſoin ".

A l'entendre „ on ne doit pas crain-
„ dre, que la raiſon ou l'inſtinct puiſſe
„ rien ſuggerer dont Dieu s'irrite &
„ qu'il puniſſe. (3) Cependant il dé-
„ clare que quand nous donnons dans
„ le vice, " c'eſt la raiſon qui eſt alors
coupable. Ici il dit „ que les paſſions
„ ſont des préſens de Dieu, & que
„ Dieu (4) ne fait pas à ſes créatures
„ des préſens empoiſſonnés ; « & là
„ qu'il faut les réprimer, & que la plus
„ douce ſatisfaction pour le cœur du ſa-
„ ge, eſt d'être après de généreux com-
„ bats victorieux d'une paſſion ". Cela
ſeroit fort bien dans la bouche d'un
chrétien qui connoît le péché originel,
qui eſt la ſource du déréglement des

(1) II. P. Préam. (2) II. P. Ch. 2. §. 4.
(3) II. P. Preamb. (4) 2. P. chap. 2. §. 4.

paffions, & la grace qui en eft le remede. Mais il ne fignifie rien dans la
bouche de Panage , qui ne connoît ni
l'un ni l'autre. Ce langage dément tous
fes principes.

Tantôt prenant un ton févere; » Que
,, la raifon commande , dit-il , l'inftinct
,, eft fait pour obeir. Que l'amour de
,, l'ame ait le pas. (1) L'ame eft plus
,, noble que le corps. Il n'eft paîtri que
,, de bouë , l'ame eft un être célefte.
,, Réprimez la révolte du corps , s'il
,, gêne ou contraint l'ame. Domptez
,, l'ame elle-même, & forcez-la de ren-
,: trer en fon devoir , s'il arrive qu'el-
,, le oublie ce qu'elle doit à l'Etre di-
,, vin ''. Tantôt prenant un ton plus
indulgent il affure que » les imperfec-
,, tions dans lefquelles dégénerent les
,, paffions , ne font pas fi fort incom-
,, patibles qu'on veut le faire croire ,
,, avec la bonté d'un Dieu qui nous ai-
,, me , & que comme les befoins du
,, corps font la fource de fes plaifirs ,
,, de même les paffions font la fource
,, des plaifirs (2) de l'ame ''. Voilà un
effor bien fublime & une chûte bien
honteufe.

(1) II. Préam. (2) I. P. Ch. 2. §. 4.

Il eſt vrai que pour cacher la honte de cette chûre, il ajoûte que c'eſt pour l'homme qui travaille à déraciner ſes vices, que les paſſions ſeront une ſource de plaiſirs. Mais qu'il nous diſe auſſi comment il pourra les déraciner, n'ayant point d'autres ſecours que celui d'un inſtinct qui eſt aveugle, & d'une raiſon qui nous manque ſouvent au beſoin.

Je paſſe ſur une infinité d'autres contradictions dont cet ouvrage eſt rempli. On en a déja pû remarquer un grand nombre dans les articles précédens. Mais je ne puis m'empêcher de faire encore quelques obſervations ſur le diſcours préliminaire, où l'Auteur jette les premiers fondemens de ſon ſyſtême. Au ton ſententieux qu'il affecte, on diroit qu'il ne va prononcer que des oracles, & quand on l'examine, on n'y trouve qu'un amas de bévûes groſſieres, de grands mots qui ne peuvent ſurprendre que ceux qui ne ſavent point réfléchir, ou enfin des contradictions ſenſibles, comme on a déja pû le remarquer.

(a) Il nous dit que la vertu eſt une

(a) Voyez le Diſcours Préliminaire.

fidélité conftante à remplir les obligations que la raifon nous dicte, & que
la loi qui nous prefcrit les obligations
eft la volonté immuable de Dieu , en-
forte que c'eft dans la conformité à cette volonté immuable que confifte la
vertu. On peut bien abfolument lui paf-
fer fa définition. Mais peut-on s'empêcher de regarder avec indignation les
conféquences qu'il en tire ?

Quoi ! parce que la vertu confifte
dans la conformité à la volonté immuable de Dieu, s'enfuit-il qu'il n'y auroit
point de vertu à obéir à quelques loix
nouvelles que Dieu impoferoit aux
hommes ? Senfuit-il que Dieu ne pourroit leur en impofer aucunes, ou que
les hommes pourroient fans crime fe
difpenfer d'y obéir ? c'eft cependant
ce que prétend le nouveau Legifla-
teur.

A peine a-t-il établi fon grand principe de l'effence de la vertu qu'il en tire
trois belles conclufions.

1°. *Que toute loi qui a commencé dans
le tems & qui peut ceffer d'être en vigueur
ne conftitue point la vertu.*Ainfi de nouveaux préceptes , quelque nouvelle loi

que Dieu donneroit aux hommes, toute divine qu'elle feroit, ne feroit pas fort refpectable, puifqu'elle ne pourroit pas faire des hommes vertueux.

2°. Que *le Créateur n'a point aſtreint les hommes au nouveau joug qu'elle impofe.* Ainſi felon les maximes de Panage on pourroit bien fe difpenfer d'y obéir, Ce feroit à pure perte qu'on y feroit fidele.

3°. Qu'*il en eſt de même de toutes les loix poſitives.* C'eſt-à-dire qu'elles ne peuvent ni rendre les hommes vertueux, ni les obliger en confcience. Ainſi voilà toutes les loix divines ou humaines, civiles ou religieufes fuprimées & retranchées par l'oracle de Panage. On peut donc les dédaigner, & n'en faire aucun cas, puifque *Dieu ne nous a point aſtreint au joug qu'elle impofe.*

Tels font les premiers principes de la morale de Panage. Telles font les maximes par lefquelles ce nouveau fage vent éclairer l'univers, régler la fociété, & rendre à la Religion toute la pureté. Qu'on juge de l'ordre, de la tranqullité, de la piété, de la bone harmon e qui regneroit dans une focieté où l'on fuivroit ces belles maximes. Il n'y auroit pas bien loin de-là aux extravagances monftrueufes qu'ont débité Hobbes & Spinofa fur la morale.

Les Souverains, ajoute-t-il pour étayer fes grands principes, *les Souverains peuvent publier & abroger des loix, mais ils ne fauroient créer ni anneantir des vertus. Et comment feroient-ils ce que Dieu lui-même ne fauroit faire ; la vertu étant auffi immuable que le vouloir divin qui lui donne l'etre ?* Voilà de bien grands mots & enfilés avec bien de l'affectation. Mais qu'on les examine, & on les trouvera, vuides de fens, & pleins de fauffeté.

Il appelle la vertu *une conformité à la volonté immuable de Dieu.* Mais étoit-il néceffaire qu'il prît la plume pour nous annoncer que les Souverains ne peuvent pas créer de nouvelles *conformité* à cette volonté divine ? Jamais aucun fouverain a-t-il prétendu créer ou anneantir une vertu, en publiant ou en abrogeant une loi ? Jamais aucun peuple a-t-il eu cette extravagante idée que la publication, ou l'abrogation d'une loi fût la création, ou l'abrogation d'une vertu ? Les loix font des réglemens prefcrits par les légiflateurs pour le bien général de l'Etat ou de la focieté auxquels ils préfident. La raifon feule nous dit que c'eft une obligation pour tous les membres de cet Etat ou de cette focieté de s'y conformer , lorfque ces réglemens concourent au bien général ; & c'eft une vertu de remplir cette obligation.

Il n'y a pas plus de fens , ni de vérité dans ce qu'il dit après cela : que *Dieu lui-même ne peut pas créer de nouvelles vertus.* La volonté de Dieu eft effentiellement fage , jufte & fainte. Tout ce qui fera conforme à cette volonté aura effentiellement les caractéres de fageffe, de juftice & de fainteté , & par conféquent les caracteres de la vertu. Il ne fera donc pas néceffaire que Dieu crée des vertus d'une nouvelle efpece ; Mais il pourra toûjours , par de nouvelles loix , fournir une matiére nouvelle à l'exercice de la vertu.

Un fujet fidele à fon Prince n'a pas plufieurs fidélités , mais il a une fidélité qui eft toûjours la même dans toutes les différentes circonftances , & pour

tous les ordres & les commande-
mens qu'il en reçoit. Le Prince peut
éprouver en différentes manieres la fidélité de fon fujet , & Dieu peut fournir
aux hommes différentes manieres de
pratiquer la vertu. Ce qui conftituera
effentiellement la vertu , fera toûjours
la foumiffion & la conformité à la
volonté divine. Ce qui caractérifera les
différentes vertus, ce fera la diverfité
des objets , des fujets & des actions où
Dieu exigera cette foumiffion & cette
conformité.

En fuivant cet ordre de penfées ,
on voit 1°. que la vertu en général
confifte dans la foumiffion & la conformité à la volonté de Dieu; 2°. que ce
font les différens objets de cette foumiffion & de cette conformité qui font
les différentes vertus. 3°. que ce font
les loix qui fixent les objets où l'homme doit montrer cette foumiffion &
cette conformité. 4° que toute les Loix
particulieres doivent être obfervées &
refpectées , dès qu'elles fcnt émanées
d'un fupérieur qui a l'autorité & la
puiffance légitime pour les faire. 5°
que l'obfervation des loix nous eft commandée.

mandée par la raison ; & si elle nous
est commandée par la raison, dès-lors
c'est une vertu d'y être fidele. Panage
lui-même est forcé d'en convenir, puisqu'il avoue que la *vertu est une fidélité*
constante à remplir les obligations que
la raison nous dicte. Il est vrai que c'est
encore là une nouvelle contradiction
où il tombe. Mais on doit être ac-
coutumé à lui voir faire de pareilles
chutes.

Cet ordre de pensées que nous venons
de présenter est celui qu'une saine raison présente elle-même. Elles conduisent
toutes à la vertu, à la conservation du
bon ordre, à l'union ; la subordination,
l'harmonie qui doit regner entre tous
les membres de la société. Cela suffiroit
pour n'etre pas du goût de celui dont
le sistême renverse & détruit toutes
les Loix divines & humaines. Il n'est
plus nécessaire de raisonner avec un
homme qui ose dire que toutes les Loix
qui ont commencé dans le rems, & qui
peuvent cesser d'etre en vigueur ne cons-
tituent point la vertu, & que toute Loi
qui ne constitue point la vertu n'oblige

point en conscience ; que le Créateur
n'avoit point astreint les hommes au
nouveau joug qu'elle impose ; enfin
que toutes les Loix positives sans en
excepter aucune doivent être regardées
de même.

Un pareil système n'a pas besoin de
réfutation. Il suffit de le déveloper pour
en inspirer de l'horreur , & pour exciter l'indignation.

C'est par une pure sophistiquerie &
destituée de tout fondement qu'il quali-
fie à la fin de ce même discourss la Loi
naturelle de *Loi aînée devant laquelle
toutes les Religions plus modernes doivent plier commes ses cadettes.* On voit
bien qu'il ne releve ainsi la Loi naturelle
que pour avilir toutes les Religions.
Mais avec quel succès le fait-il ? Et si
on lui demande ce qu'il y a dans la
Religion Chrétienne qui doive la faire
regarder comme une Religion cadette,
& obligée de plier devant la Loi naturelle , comme Loi aînée , que pourra-
t-il répondre ?

Qu'on examine la Religion Chrétienne , on trouvera qu'elle n'est autre chose
que la Loi naturelle elle-même , mais

enrichie & perfectionnée 1°. par la con-
noissauce des vérités les plus sublimes.
2°. par les avantages les plus intéressans
pour les hommes; 3°. par un culte infiniment plus saint que tout ce que la Loi
naturelle seule auroit pu nous inspirer,
ou nous faire pratiquer. Ces prérogati-
ves sublimes de la Religion Chrétienne
seront-elles donc des titres de dégrada-
tion ?

Tout ce que prescrit la Loi naturelle, la Religion Chrétienne le prescrit
aussi, & tout ce que la Religion Chrétienne a de plus que la Loi naturelle
porte incontestablement le caractere de
l'infini & du Divin. Un Dieu auteur
surnaturel, c'est-à-dire qui par sa
grace met la nature en état de parti-
ciper à la gloire & au bonheur de la
Divinité même : un Jesus-Christ, hom-
me-Dieu, fils de Dieu, chef, répara-
teur & Pontife éternel des hommes :
Des hommes adoptés de Dieu par la
médiation de Jesus-Christ, & destinés
à régner avec lui durant toute l'éternité : les vûes profondes de la sagesse de
Dieu, & les moyens étonnans qu'il a
Employés pour faire éclater, recon-

noître & adorer ſes grandeurs & ſes perfections infinies : l'Incarnation & les ſuites de l'Incarnation du Verbe : l'élévation de la nature humaine aſſociée à la divinité dans Jeſus-Chriſt & par Jeſus-Chriſt : la fin que Dieu s'eſt propoſée en toutes ſes œuvres , & ſelon laquelle le préſent n'eſt qu'une préparation à l'avenir , & le tems à l'éternité : avenir & éternité où rien ne ſera plus ſuſceptible de changement , où tout ſera fixe & immuable , parce que tous les deſſeins de Dieu ſeront accomplis , & que toutes les vûes de la ſageſſe , de la juſtice & de la miſéricorde ſur les créatures auront été remplies. Voilà une partie des dogmes & des connoiſſances qui ont étes ajoûtées à la loi naturelle , & qui font avec elle tout le corps de la Religion chrétienne. Cette loi naturelle ſeule n'auroit jamais pû fournir des vûes auſſi relevées , auſſi intéreſſantes , auſſi divines que celles que nous a donné la Religion de Jeſus Chriſt. Et que doit-on penſer d'un prétendu Philoſophe qui décide que toute Religion *doit plier devant la Loi naturelle comme une petite cadette.*

Il ajoûte que *c'eft l'ignorance de cet-*
te maxime, c'eft-à-dire de cette dif-
tinction de Loi aînée & de Religion
cadette *qui fait parmi nous les fuper-*
ftitieux & les faux dévots. Et moi je
dis que ce font des fophifmes auffi pi-
toyables que les fiens, qui en féduifant
de petits efprits, ou des efprits déja gâ-
tés, font parmi nous les impies & les
hommes fans religion.

Quand on a quitté les fentiers de la
vérité, qui ne fe trouve que dans la
Religion, il faut néceffairement que la
raifon s'égare, fe perde, fe contredife
continuellement elle-même. Il n'y a
que les Docteurs chrétiens, qui éclairés
des lumiéres de la foi, foient en état de
parler d'une maniere raifonnable, inf-
tructive & fatisfaifante fur les dogmes
& fur tous les différens points de la
morale. Quant aux déréglemens des
paffions tout le monde les connoît,
tous les hommes les éprouvent, les
chrétiens comme les autres, mais leur
Religion eft la feule qui en faffe connoître les caufes, & qui fournilfe les
moyens de les arrê r

Elle leur apprend que ce dérégle-

-ment des passions est une suite du péché originel ; & que la grace de Jesus-Christ en est le remede. Dieu avoit tout fait dans l'ordre. Mais la révolte de l'homme contre Dieu troubla cet ordre si beau , & fut cause de la révolte des passions contre la raison. Dieu laissa l'homme dans l'état où il s'étoit mis par sa faute. Mais il lui prépara des graces pour soûtenir sa foiblesse , & pour le mettre à même de pratiquer la vertu , malgré l'affoiblissement de ses lumiéres , de sa liberté & de son amour pour le souverain bien.

Les passions sont violentes & impétueuses. C'est un malheur pour les hommes, & un malheur que leur a attiré la désobéïssance de leur premier Pere. Mais quelque violentes qu'elles soient, ils ont des graces avec lesquelles ils peuvent résister à ces passions. Le systême de Panage annonce un défaut de sagesse , de justice & de sainteté dans Dieu. La Religion chrétienne fait connoître une faute , une punition , une misere dans l'homme. L'homme est malheureux dans l'état présent. Mais son malheur n'est pas sans ressource. Dieu y a pourvû par sa miséricorde. Il ne tient qu'à l'homme de profiter du reméde.

Nous ne pousserons pas plus loin la recherche des contradictions & des bévûes de l'Auteur. Cet article deviendroit trop long. Il formeroit un *Errata* presqu'aussi grand que l'ouvrage même.

F I N.

De l'Imprimerie de GISSEY.

APPROBATION.

J'Ai lu par ordre de Monseigneur le Chancelier un Manuscrit, qui a pour titre : *Examen Critique ou Réfutation du Livre des Mœurs* : il est à désirer que ceux qui auroient lu le pernicieux Livre des Mœurs, lisent l'Examen critique & la Réfutation que l'on présente au Public. En Sorbonne le 7. Juin 1757.

DE MARCILLY.

PRIVILEGE DU ROI.

LOUIS, PAR LA GRACE DE DIEU, ROI DE FRANCE ET DE NAVARRE ; A nos Amés & Féaux Conseillers les Gens tenans nos Cours de Parlement, Maîtres des Requêtes ordinaires de notre Hôtel, Grand Conseil, Prevôt de Paris, Baillifs, Sénéchaux, leurs Lieutenans Civils, & autres nos Justiciers qu'il appartiendra ; SALUT. Notre amée *La Veuve Marc Bordelet Libraire à Paris ancien Adjoint de sa Communauté,*

Nous a fait expofer qu'elle défireroit imprimer & donner au Public un Ouvrage qui a pour titre *Examen critique ou réfutation du Livre des Mœurs*, s'il Nous plaifoit lui accorder nos Lettres de permiffion pour ce néceffaires : A CES CAUSES , voulant favorablement traiter l'Expofante , Nous lui avons permis & permettons par ces Préfentes de faire imprimer ledit Ouvrage autant de fois que bon lui femblera , & de le vendre, faire vendre & débiter par tout notre Royaume , pendant le tems de trois années confécutives, à compter du jour de la date des Préfentes : Faifons défenfes a tous Imprimeurs, Libraires,& autres perfonnes, de quelque qualité & condition qu'elles foient , d'en introduire d'impreffion étrangere dans aucun lieu de notre obéiffance , à la Charge que ces préfentes feront enrégiftrées tout au long au commencement ou à la fin fur le Régiftre de la Communauté des Imprimeurs & Libraires de Paris , dans trois mois de la date d'icelles ; que l'impreffion dudit Ouvrage fera faite dans notre Royaume , & non ailleurs , en bon papier &

beaux caracteres, conformément à la
feuille imprimée attachée pour modéle
fous le con-treScel des Préfentes, que
l'Impétrante fe conformera en tout aux
Réglemens de la Librairie, & notam-
ment à celui du 10. Avril 1725. qu'a-
vant de l'expofer en vente le Manu-
fcrit qui aura fervi de copie à l'impreffion dudit Ouvrage fera remis dans le
même état où l'Approbation y aura été
donnée, ès mains de notre très-cher &
féal Chevalier, Chancelier de France,
le fieur de LAMOIGNON, & qu'il en
fera enfuite remis deux Exemplaires
dans notre Bibliotheque publique, un
dans celle de notre Château du Lou-
vre, un dans celle de notredit très-cher
& féal Chevalier, Chancelier de France, le Sieur de LAMOIGNON, le tout
à peine de nullité des Préfentes, du
contenu defquelles vous mandons &
enjoignons de faire jouir ladite Expofante & fes ayans caufe pleinement &
plaifiblement, fans fouffrir qu'il leur foit
fait aucun trouble ou empêchement.
Voulons que la copie des Préfentes qui
fera imprimée tout au long au commencement ou à la fin dudit Ouvrage, foi

foit ajoutéé comme à l'original. Commandons au premier notre Huiſſier ou Sergent ſur ce requis de faire pour l'exécution d'icelles tous actes réquis & néceſſaires, ſans demander autre permiſſion , & nonobſtant clameur de Haro, Charte Normande, & Lettres à ce contraires ; car tel eſt notre plaiſir. Donné à Verſailles le cinquiéme jour du mois d'Août , l'an de grace mil ſept cent cinquante-ſept, & de notre Regne le quaante-deuxiéme. Par le Roi en ſon Conſeil.

LE BEGUE.

Regiſtré ſur le Regiſtre XIV. de la Chambre Royale des Libraires & Imprimeurs de Paris, N°. 213. fol. 194. conformément aux anciens Réglemens , confirmés par celui du 28. Février 1723. A Paris le 30. Août 1757.

Signé P. G. LE MERCIER, *Syndic.*

www.ingramcontent.com/pod-product-compliance
Lightning Source LLC
Chambersburg PA
CBHW060635100426
42744CB00008B/1631